퇴계 이황

사단칠정론 · 성학십도 · 무진육조소

시대의 절대사상

퇴계 이황

사단칠정론 · 성학십도 · 무진육조소

| 최영진 이황 |

살림

*e*시대의 절대사상을 펴내며

고전을 읽고, 고전을 이해한다는 것은 비로소 교양인이 되었다는 뜻일 것입니다. 또한 수십 세기를 거쳐 형성되어 온 인류의 지적유산을 제대로 이해하고, 그 바탕 위에서 새로운 자기만의 일을 개척할 때, 그 사람은 그 방면의 전문가가 될 수 있을 것입니다. 프랑스의 대입제도 바칼로레아에서 고전을 중요하게 취급하는 까닭도 그와 같은 이유 때문이겠지요.

그러나 예전에도, 현재에도 고전은 유령처럼 우리 주위를 떠돌기만 했습니다. 막상 고전이라는 텍스트를 펼치면 방대한 분량과 난해한 용어들로 인해 그 내용을 향유하지 못하고 항상 마음의 부담만 갖게 됩니다. 게다가 지금 우리는 고전을 읽기에 더 악화된 시대를 살고 있습니다. 변하지 않고 있는 교육제도와 새 미디어의 홍수가 우리를 그렇게 만들고 있는 것입니다.

고전을 읽어야 하지만, 읽기 힘든 것이 현실이라면, 고전에 친근하게 다가갈 수 있는 새로운 방법을 응당 고민해야 하지 않을까요? 살림출판사의 *e*시대의 절대사상은 이러한 문제의식을 가지고 기획되었습니다. 고전에 대한 지나친 경외심을 버리고, '아무도 읽지 않는 게 고전'이라는 자조를 함께 버리면서 지금 이 시대에 맞는 현대적 감각의 고전을 만들고자 했습니다.

고전의 내용이 지나치게 주관적으로 해석되어 전달되는 위험을 피할 수 있도록 그 분야에 대해 가장 정통하면서도 오랜 연구업적을 쌓은 학자들이 자신의 경험을 응축시켜 새로운 고전에의 길을 열고자 했습니다. 마치 한 편의 잘 짜여진 다큐멘터리 프로그램을 보듯 고전이 탄생할 수 있었던 시대적 배경과 작가의 주변 환경, 그리고 고전에 담긴 지혜를 재미있게 습득할 수 있도록 내용을 구성했고 난해한 전문용어나 개념어들은 최대한 알기 쉽게 설명했습니다.

　이전에 경험하지 못했던 새로운 감각의 고전 *e시대의 절대사상*은 지적욕구로 가득 찬 대학생·대학원생들과 교사들, 학창시절 깊이 있고 폭넓은 교양을 착실하게 쌓고자 하는 청소년들, 그리고 이 시대의 리더를 꿈꾸는 모든 사람들에게 생생하게 살아 숨쉬는 인류 최고의 지혜를 전달할 것이라고 확신합니다.

기획위원
서강대학교 철학과교수 강영안
이화여자대학교 중문과교수 정재서

들어가는 글

퇴계, 그 모순과의 만남

　1970년대 초, 지금은 사라지고 없는 석조 건물 강의실, 늘 철학과 문학이 흐르던 그곳에서 나는 처음 퇴계를 만났다. 대학 3학년 늦은 봄 현담 유정동 교수님이 담당하신 한국유학사 강의 시간이었다.

　선생님께 퇴계의 사단칠정론을 배웠을 때 내가 느낀 것은 '혼란' 그 자체였다. 적어도 그때까지 내가 알고 있던 성리학의 이론으로는 설명이 불가능한 학설을 퇴계는 간곡한 목소리로 주장하고 있었다. 당시의 내 알량한 지식을 총동원해 퇴계의 주장을 이해하려고 애썼지만 도저히 납득할 수가 없었다. 반면에 율곡의 학설은 명료했으며 퇴계에 대한 비판 또한 매우 합리적으로 느껴졌다. 나는 퇴계의 이론을 '모순'으로 규정했다. 그리고 더 이상 관심을 갖지 않았다.

재회

퇴계와의 재회는 우연한 기회에 이루어졌다. 사람이 살다 보면 회색 그림자가 드리운 좌절의 시기가 있기 마련이다. 나도 예외는 아니었다. 대학원 석사과정을 마치고 야간 여자고등학교의 교사로 재직하던 2년간, 나는 잿빛 터널 속에서 우울한 나날을 보내고 있었다. 그때 나를 지배하는 것은 경쟁의 대오에서 탈락해 있다는 좌절감이었다. 출근과 퇴근, 약속처럼 이어지는 동료들과의 밤늦은 술자리, 그리고 귀가하는 일상의 연속이었다. 어제와 다름없는 오늘, 오늘과 똑같은 내일이 기다리고 있었다. 그러던 어느 날, 내 발길은 안국동에 있는 고서점 통문관으로 향했으며, 그곳에서 구입한 『노사집蘆沙集』을 내 서가에 보탰다. 조선 말기의 성리학자인 노사 기정진奇正鎭은 전부터 관심을 두어온 인물이었다. 그의 문집을 읽고 분석하면서 비로소 나는 내 자리를 되찾는 기쁨을 느꼈다. 하지만 나는 곧 암초에 부딪혔다. 노사는 퇴계, 율곡 등 조선 전기 유학자들의 이론에 대한 성찰과 비판에서부터 출발했던 것이다. 퇴계를 이해하지 못한 나에게 노사가 분석되지 않는 것은 너무나 당연한 일이었다. 나는 오랫동안 덮어놓았던 『퇴계집』을 다시 펼쳤다.

그 이듬해 가을, 나는 다시 캠퍼스로 돌아왔다. 그리고 그해 겨울 현담 선생님을 모시고 대학원생들과 안동을 찾았다. 도산서원에서 하룻밤을 묵고 이튿날 퇴계의 묘소를 참배하며 우리는 퇴계를 느낄 수 있었다. 안동에서 서울로 돌아오는 날은 눈이 내렸다. 기차 차창 밖으로 흩뿌리는 눈을 바라보며 맥주를 마시던 날이 바로 어제인 듯한데……. 선생님이 우리 곁을 떠나신 지 어느새 20여 년이 흘렀다.

도산서원을 답사한 다음 해는 선생님의 갑년이었다. 나는 선생님의 화갑 기념 논문집에 퇴계의 리발설理發說에 대해 논리적으로 접근하는 논문을 실었다. 선생님은 퇴계의 학설은 "논리적으로 불투명함이 있다"고 말씀하신 적이 있다. 나는 퇴계의 학설이 논리적으로 어느 정도까지 투명해질 수 있는지 밝히고 싶었다. 나의 이 논문은 퇴계를 전공하신 선생님을 위한 논문집에 유일하게 게재된 퇴계 연구물이었다. 뒷날 퇴계 연구사를 정리한 후배 학자들로부터 비판도 많이 받았지만 또 나름대로 의미 있는 논문이라는 평가도 함께 받았다. 이어 후속 논문들을 발표하면서 나는 퇴계 연구자의 말석을 차지할 수 있었다.

요즈음 나는 퇴계학설 가운데 '정情'의 문제에 관심을 기울이고 있다. 유교의 사상 체계에서 정이 갖는 위상은 매우 중요하다. 이 문제를 비로소 문제로서 인식하고 주제화한 것은 16세기 퇴계를 비롯한 당시 조선의 유학자들이었다. 감성이 중시되는 현대사회에서 퇴계의 '정감의 철학'이 다시 조명을 받게 될 것이다.

2007년 1월

최영진

| 차례 | 퇴계 이황

e시대의 절대사상을 펴내며   04
들어가는 글   06

1부 시대·작가·사상

1장 어둠의 시대, 사화기 — 지식인으로 산다는 것
퇴계에 이르는 길   16
삶의 향기   35

2장 마음에 대한 성찰 — 사단칠정론
왜 마음인가   46
리기론   51
사단과 칠정   61
사단칠정에 관한 리기론적 해석   69

3장 자연에 대한 이해 — 태극론
태극의 의미   86
태극론   90

4장 현실의식과 경사상
현실의식   98
수양론과 경사상   105

5장 퇴계사상의 계승과 발전
    퇴계학파   110
    주요 저서   116

2부 본문

1장 사단칠정론
    사단과 칠정을 리와 기로 나누는 것은 잘못이라는
    고봉의 비판   124
    퇴계가 고봉에게 답함(사단칠정을 논한 첫 번째 편지)   130
    퇴계가 고봉에게 답함(사단칠정을 논한 두 번째 편지)   144

2장 성학십도
    심통성정도설心統性情圖說   190
    경재잠敬齋箴   198

3장 무진육조소
    무진육조소戊辰六條疏   206

3부 관련서 및 연보

    퇴계 관련서   272
    퇴계 연보   276
    주   286

1부

시대 · 작가 · 사상

어둠의 세력이 지배하는 고난의 시대, 퇴계는 인간의 마음에서 빛을 보았다. 그러나 마음은 모든 욕구가 서로 공격해 한번 태만하고 방종하면 산이 무너지고 바다가 넘치는 것처럼 걷잡을 수 없는 것이기도 하다. '인간이 타고난 선한 본성을 어떻게 현실에서 구현할 수 있는가?' 이것이 퇴계의 화두였다. 퇴계는 '사단'이라는 순수한 도덕적 정감이야말로 어둠의 세계를 뚫고 내려오는 빛줄기라고 보았다. 그리하여 사단의 형이상학적 근거를 확립하기 위해 정밀한 이론체계를 구축했다. 이 작업은 기대승과 8년에 걸친 치열한 논쟁을 통해 진행되었다. 스물여섯 살이 어린 청년학자의 비판을 겸허하게 받아들인 퇴계의 포용력이 없었더라면 불가능한 사건이었다. '사단칠정논변'이라고 부르는 이 논쟁을 통해 중국의 주자학이 조선 성리학으로 정립될 수 있는 기반이 구축되었다. 퇴계와 더불어 쌍벽을 이루는 율곡도 퇴계학에 대한 비판에서 출발했다. 조선 후기 최대의 학술논쟁인 호락논쟁도 퇴계와 율곡의 유학사상을 토대로 한 것이며, 조선 후기 실학을 집대성한 정약용의 문집에서도 사단칠정논쟁이 논의되고 있다. 하지만 퇴계를 형이상학적 논변에 치중한 관념론자로 보아서는 안 된다. 그는 유능한 관료와 원로대신으로서 군주의 마음을 바로잡아 올바른 정치를 이루려 노력했다. 또한 그가 남긴 수많은 시들은 그가 높은 예술적 경지에서 노닐었던 모습을 잘 보여주고 있다. 퇴계의 탁월한 학문과 인격은 일본에도 전해져 에도시대 일본 유학사상의 형성에 크게 기여했다.

1장

어둠의 시대, 사화기
- 지식인으로 산다는 것

퇴계에 이르는 길

퇴계의 생애

퇴계는 지금으로부터 500여 년 전, 1501년에 예안현禮安縣 온계리溫溪里(지금의 안동시 도산면 온혜동)에서 이식李植과 부인 박씨의 6남 1녀 중 막내로 태어났다. 이성계가 조선을 건국한 지 109년 만이고, 명나라 태조 주원장이 나라를 세운 지 133년이 되는 해였다. 국제적으로는 명나라의 영향력이 확대되고, 국내적으로는 세종과 성종의 문화 융성기를 거쳐, 국운 쇠퇴의 조짐이 뚜렷한 시기이기도 했다.

연산군 7년에 태어나서 선조 3년에 세상을 떠날 때까지 다섯 임금 가운데 네 임금에게 출사했지만, 그의 진퇴와 출처 그리고 학문의 향방은 이미 연산군 시대의 사화 속에서 찾을 수 있다. 퇴계가 출생하기 3년 전(연산군 4년)에 무오사화戊午

士禍가 일어났고, 네 살 되던 해(연산군 10년)에 갑자사화甲子士禍가 일어났다.

과거를 통해 중앙 정계에 진출한 능력 있는 선비들이 삼사三司의 요직을 거의 독차지하자, 정치적·경제적 기득권을 주장하는 훈구파勳舊派와의 갈등과 대립은 갈수록 첨예해졌다. 김종직을 중심으로 한 신진사류는 차츰 삼사를 장악하고 왕도정치를 왕에게 강요했기에, 웬만큼 학문을 좋아하는 임금이라 할지라도 훈구파의 현실 유지 정책에 동조하지 않을 수 없었다.

연산군 대의 무오사화와 갑자사화는 물론, 1519년(중종 14년)에 일어난 기묘사화己卯士禍도 퇴계와 직접적인 관련은 없었다. 하지만 숙부가 사림파의 일원으로서 중앙 정계에 진출하면서 퇴계도 정치적 기류에 대해 자연히 민감해질 수밖에 없었다.

20세가 되어 퇴계는 서울로 올라가 세상 구경을 했다. 이때가 바로 기묘사화가 일어난 이듬 해였다. 이 사화는 당시 선비들의 사기를 무참히 꺾어버린 불행한 사건이었다. 왜냐하면 사람들의 영수領袖이자 희망이었던 정암靜庵 조광조趙光祖가 모함으로 죽임을 당했기 때문이다.

중종반정으로 왕위에 오른 중종의 신임에 힘입은 조광조는 연산군으로 인해 문란해진 기강을 바로 세우기 위해 개혁을 단행했다. 중종 13년에 조광조의 건의에 따라 현량과賢良科라는 천거시취제도薦擧試取制度를 실시해 수많은 인재를 뽑게 되었다. 이들 신진사류는 37세의 영수인 대사헌 조광조의 기치 아래, 조정의 청요직淸要職을 거의 독점하다시피 했다. 조광조는 밤낮을 가리지 않고 경연 자리에서 이상주의적 왕도정치를 주장하는 한편, 훈구파들이 지나치게 독차지했던 중종반정의 공신록훈을 삭제하려고 했다. 이에 당황한 훈구파들은 무고誣告와 참언讒言으로 조광조 일파를 무너뜨리게 되었으니, 중종 14년에 결국 조광조는 38세의 나이로 죽음을 맞이하고 말았다.

훗날 퇴계는 조광조에 대해 이렇게 평가하고 있다.

"조정암께서는 타고난 자질이 참으로 아름다웠으나 학문의 힘이 아직 충실하지 못해 그 베푼 바가 적당한 곳을 지나침을 면할 수 없게 되었네. 그러므로 일을 실패했던 것이네. 만약 학문의 힘이 이미 충실해지고 덕의 그릇이 이루어진 뒤에 나와서 세상일을 담당하였더라면 그 이룬 바를 쉽게 측량할 수 없었을 것이네."

을사사화乙巳士禍(1545)는 퇴계가 직접적으로 피해를 입은 환란이었다. 겉으로는 대윤大尹과 소윤小尹이라는 척신 간의 갈등이고 암약이었지만, 그 여파는 사림들에게 커다란 화를 불러일으켰다. 사화의 발단은, 중종 10년(1515)에 장경왕후

윤씨가 세자(뒤에 인종)를 낳고 죽자, 그 뒤에 들어선 문정왕후 윤씨가 중종 29년(1534)에 경원대군(뒤에 명종)을 낳으면서 시작된다. 이때 이미 세자를 바꾸려는 책동이 있었는데, 이것으로부터 윤임(인종의 외숙으로서 대윤)과 윤원형(명종의 외숙으로서 소윤)의 갈등이 비롯되었다. 중종 32년(1537)에 윤원형 일당이 패배하고 윤임 일당이 정권을 잡으면서 사림파의 복권이 단행되었다. 그들은 기묘명현己卯名賢을 신원시키거나 다시 서용했다. 그 결과 김안국·이언적·이황·권벌·노수신·유희춘·백인걸 등이 정계에 복귀함으로써 침체된 사풍이 일시에 진작되는 듯했다. 그러나 1545년, 인종이 즉위한 지 8개월 만에 승하하자 명종이 12세의 어린 나이로 왕위에 오르고 문정왕후가 수렴청정을 하면서, 자연히 대윤의 세력은 꺾이게 되고 소윤 윤원형 일파의 피비린내 나는 숙청이 시작되었다. 이때 권벌·이언적·정자·노수신·유희춘·백인걸·송인수 등이 죽거나 제거되었고, 퇴계 역시 수난을 당했다.

명종 20년(1565), 문정왕후의 죽음과 함께 윤원형의 횡포도 막을 내렸다. 퇴계는 윤원형이 집권했던 20년 동안에 숱한 요직을 거쳤지만 끊임없이 은퇴와 귀향을 되풀이했다. 명종이 34세에 승하하고, 16세의 어린 왕 선조가 대를 이었다. 정권이 다시 사림파에게 돌아오고 조정과 백성의 신망이 퇴계에게 쏠리자, 왕은 퇴계를 중용하고 사부師傅로 삼고자 했으며, 퇴계의 문인門人들도 대거 등용했다. 하지만 퇴계는 왕에게 『무진육조소戊辰六條疏』 『성학십도聖學十圖』 등을 올리고 표연히 도산으로 발길을 돌려 후진 교육에 남은 인생을 전부 바쳤다.

이제 일화를 중심으로 퇴계의 삶을 살펴보자.

송재공에게서 『논어』를 배우다

여섯 살 때 이웃 노인으로부터 천자문을 배우기는 했지만, 퇴계의 본격적인 공부는 숙부 송재공으로부터 『논어論語』를 배우면서 시작되었다고 할 수 있다. 송재공은 참으로 엄격한 분이었다. 그는 먼저 공부의 일정을 분명히 정해 퇴계가 나태하거나 게으른 모습을 보이지 못하게 했다. 글을 읽을 때도 원문뿐만 아니라 주석까지도 한 자 빠트림 없이 그 의미를 철저히 탐구해서 이해하게 했다. 퇴계의 공부는 거기서 끝나지 않았다. 책 한 권을 다 배우고 나면 반드시 그것을 전부 다 외운 뒤에야 다음 책으로 넘어가게 했다. 그리고 그 다음 책을 배우면 앞에 배운 책과 함께 외우게 했다.

퇴계는 당시를 이렇게 말하고 있다.

"한 권을 마치면 반드시 그 책을 외우고, 두 권을 마치면 내리 외웠다. 이렇게 하기를 오래하니 차츰 처음 배울 때와는 달랐다. 그래서 서너 권을 읽게 되었을 때는 간혹 스스로 터득하는 바가 있었다. ……글을 읽는 방법은 익숙하도록 읽는 것이다. 글을 읽는 사람이 비록 글의 뜻을 이해하더라도 익숙하지 못하면, 읽고 나서 곧 잊어버려 마음에 간직할 수 없다. 배우면 반드시 다시 복습하는 노력을 한 뒤에야 비로소 마음속에 지닐 수 있어서 깊이 녹아드는 맛이 있을 것이다."

훗날 퇴계가 "내 나이 열 일고여덟 살 무렵에 인근에 뛰어난 선배가 있는 것도 아니고 또 따라 배울 만한 스승이 계신 것도 아니었다. 그래서 하마터면 중도에 학문을 그만둘 뻔했다"라고 말한 것은 그의 유일한 스승이라 할 수 있는 송재공의 죽음과 연관된다. 퇴계가 17세 되던 해 11월에 송재공이 세상을 떠나자, 그의 주변에는 더 이상 믿고 의지할 스승이 없게 되었다. 퇴계는 자신을 둘러싸고 있는 여건 때문에 어쩔 수 없이 스스로의 힘만으로 공부를 해야 했다.

『성리대전』과 『심경』을 읽다

열아홉 살 때 퇴계는 주희의 『성리대전性理大全』을 빌려 읽었다. 이 책은 그동안 길을 몰라 어둡기만 하던 퇴계의 마음에 환한 등불이 되어 주었다. 특히 『성리대전』 속에 들어 있는 주돈이周敦頤의 「태극도설太極圖說」로부터 퇴계는 깊은 깨달음을 얻었다.

"「도설」을 보니 모든 의문이 싹 가시고 앞뒤가 훤히 트이게 되었으며, 우주의 근본원리와 인간의 본질이 무엇인지 마음속에 깨닫게 되었다."

퇴계의 공부 과정을 보노라면 그 치열함에 절로 고개가 수그러진다. 그의 공부에 대한 열정은 공부로 해서 얻은 병을 치유하는 계기가 되었으며, 마침내는 그를 진리의 문으로 들어서게 했다. 그리하여 그는 23세에 성균관에 유학하게 된다.

당시 성균관의 분위기를 퇴계는 이렇게 회상하고 있다.

"스물세 살 때 성균관의 하제下齋(초시에 합격한 유생들이 공부하는 곳)에 있었는데, 마음을 단단히 해도 바깥사람들을 보지 않을 수 없었다. 그들은 대부분 서로 미워하고 지목하기를 일삼으며, 헐뜯고 비방해 마지않았다."

그러나 퇴계가 성균관에 들어간 것이 전혀 헛된 것만은 아니었다. 그것은 퇴계가 성균관에 있을 당시 상사上舍(소과에 합격한 생원 또는 진사)인 황씨 성을 가진 자에게서 『심경心經』을 얻을 수 있었기 때문이다.

퇴계 스스로 말하기를, 『심경』을 부모처럼 사랑하고 하늘처럼 공경한다고 했다. 이 책의 저자는 중국 송대의 진덕수眞德秀로, 내용은 유가의 경전들 가운데 마음에 대해 언급한 말들을 뽑아 거기에 저명한 학자들의 설명을 붙여놓은 것이다. 뒤이어 명나라의 정민정程敏政이 『심경』에 다시 여러 학자의 주석을 모아 붙인 『심경부주心經附註』를 펴냈다. 퇴계가 성균관에서 얻은 책이 바로 『심경부주』이다. 퇴계는 이 책을 얻고 오랜 시간이 흐른 뒤 「심경후론心經後論」을 썼는데, 이것은 퇴계가 『심경』과 『심경부주』를 모두 읽고 나서 그 내용에 대한 자신의 견해를 종합적으로 서술한 글이다.

퇴계는 『심경』을 이렇게 평가하고 있다.

"내가 『심경』을 얻고 나서야 비로소 심학의 연원과 심법心法의 정미함을 알게 되었다."

아호 '퇴계'를 짓다

퇴계는 벼슬길에 나선 지 10년쯤 되어갈 무렵부터 몸이 허약해 많은 고통을 겪었다. 이는 젊은 시절 지나친 공부로 인해 얻은 병이었다. 그래서 43세 되던 해부터 병으로 사임하거나 부임하지 못하는 일이 자주 있게 되었다.

그런데 실제로 퇴계는 직무를 수행할 수 없을 정도로 몸이 허약한 것은 아니었다. 이러한 사실은 1543년 교서관校書館(규장각의 전신)에서 『주자전서朱子全書』를 간행할 때 퇴계가 보인 열의에서도 짐작할 수 있다. 당시 전해오던 이 책의 원본에는 잘못된 부분이 많았다. 그래서 퇴계는 교정을 겸해서 이 책을 읽었는데, 그가 얼마나 열심히 읽었던지 여름 내내 문을 닫아걸고 바깥출입을 하지 않았다.

"이 무더운 여름에 저렇게 책을 읽다가 병이라도 나면 어쩌나. 책도 좋지만 먼저 몸을 생각해야 할 텐데"라며 사람들은 걱정을 했다. 그러나 퇴계의 대답은 자신을 걱정해 주는 사람들을 오히려 무안하게 만들었다.

"이 책을 읽노라면 문득 가슴속으로부터 서늘한 기운이 생겨서 더위를 못 느끼는데 어찌 병이 나겠는가?"

이것으로 보아, 퇴계의 건강이 그다지 좋은 편은 아니라 하더라도 직무를 수행할 수 없을 정도는 아니었음을 알 수 있다. 그렇다면 퇴계가 병을 핑계로 사임하거나 부임하지 않은 까닭은 다른 데 있었다. 그것은 당시 왕위 계승을 둘러싸고 벌어지는 외척들의 추악한 권력 다툼 때문이었다. 퇴계는 잠시라도 그 소용돌이에서 벗어나고 싶었던 것이다.

1544년에 중종이 승하하고 인종이 보위를 이어받았다. 그러나 인종은 왕위에 오른 지 채 일년도 못 되어 세상을 떠났고, 열두 살의 어린 명종이 왕위를 계승했다. 명종의 어머니인 문정왕후가 수렴청정을 하게 되고, 그와 함께 외삼촌인 윤원형이 실권을 잡아 반대파를 제거했으니, 이것이 1545년의 을사사화이다. 이러한 정국이니 퇴계는 관직에 있을 마음이 없는 데다, 이듬해 2월에 장인 권질이 세상을 떠나자 장사를 지내려고 휴가를 얻어 귀향해버렸다.

귀향한 뒤 고향 예안현 온계리에 작은 암자를 짓고 양진암

養眞菴이라 이름 붙였다. 암자 앞으로 토계兎溪라는 이름의 작은 시내가 흐르고 있었는데, 퇴계는 그 이름이 고상하지 못하다 하여 '토'를 '퇴'로 고치고 자신의 호로 삼았다. 퇴계는 장차 이곳에서 학문으로 후학을 길러낼 이상을 품었다.

율곡을 만나다

퇴계가 계상서당溪上書堂에서 학문 연구와 교육에 몰두하고 있을 때, 그곳으로 반가운 손님이 찾아왔다. 손님은 사흘을 서당에서 머물며 퇴계와 더불어 세상의 이치와 학문에 대해 논했다. 두 사람이 무슨 이야기를 나누었는지는 자세히 전해지지 않으니, 오직 그들이 남긴 몇 편의 시에서 그 내용을 짐작할 뿐이다.

먼저 손님이 퇴계에게 시를 지어 바친다.

溪分洙泗派　시냇물은 수사에서 한 갈래로 나뉘어 왔고
峯秀武夷山　높은 그 봉우리는 무이처럼 빼어났소
活計經千卷　그 삶의 길은 경서 천 권이요
行藏屋一間　밟으신 출처는 좁은 집 두어 간뿐이외다
襟懷開霽月　마음을 여실 때는 맑게 갠 하늘의 달이옵고
談笑止狂瀾　심상한 담소에는 거친 물결도 잔잔하오
小子求聞道　소자의 뵈옵는 일은 도를 듣고자 함이요

非偸半日閒 반나절의 한가함을 빌리고자 함이 아니외다

이 시에서 말하는 수사洙泗는 중국 노魯나라에 있던 수수洙水와 사수泗水의 두 강을 가리키는 말로, 공자가 그 근처에서 제자들을 가르쳤다. 그리고 '무이武夷'는 복건성福建省에 있는 산 이름으로, 주희가 이곳의 풍경을 보고 구곡가九曲歌를 지었다. 이 산수의 이름들로 보아, 시의 처음 두 구절은 퇴계의 학문이 유학의 창시자인 공자에게서 흘러나와 성리학을 집대성한 주희만큼이나 우뚝하다는 것을 나타내고 있다. 그 다음 두 구절은 계상서당의 모습을 표현한 것이고, 이어지는 두 구절은 퇴계의 풍모를 나타낸 것이다. 그리고 마지막 두 구절은 손님이 퇴계를 방문한 목적을 말한 것이다.

퇴계에게 도를 듣고자 계상서당을 찾은 손님은 과연 누구였을까? 그는 다름 아닌 율곡栗谷 이이李珥였는데 당시 그의 나이 스물세 살에 불과했다. 그런 율곡이 환갑을 바라보는 노숙한 학자 퇴계에게 이런 시를 지어 올렸다는 것은 어찌 보면 당돌하다는 느낌마저 들게 한다. 하지만 그보다는 학문에 대한 열정과 장차 대학자로서 성장할 율곡의 담대한 성품을 짐작케 하는 면이 있다.

율곡이 이렇게 계상서당으로 퇴계를 찾아오기까지에는 남다른 정신적 방황의 과정을 거친 뒤였다. 율곡이 열여섯 살

되던 해, 어머니 사임당師任堂 신씨申氏가 세상을 떠났다. 어머니의 삼년상을 치르고 난 뒤 율곡은 곧바로 금강산 어느 절로 들어갔다. 어머니의 깊은 감화 속에서 자란 그로서는 슬픔을 삭이기란 참으로 힘든 일이었다. 어머니의 죽음은 율곡에게 '도대체 삶과 죽음이란 무엇인가'라는 인생의 근본적인 물음을 되새기게 했다.

율곡은 금강산으로 들어간 지 일 년 반 만에 산을 내려왔다. 그는 산을 내려오면서 11조목의 「자경문自警文」을 썼는데, 그 첫 조목은 이렇다.

"조금이라도 성현에 미치지 못하면 나의 할 일은 끝난 것이 아니다."

이로써 율곡이 어떤 삶의 목표를 가졌으며, 왜 퇴계를 찾아왔고, 왜 이런 시를 지었는지 잘 알 수 있다.

퇴계는 청년 학자 율곡의 시에 대해 다음과 같은 시로 답했다.

病我牢關不見春 내 병들어 문 닫은 채 봄빛을 못 보더니
公來披豁醒心身 그대와 얘기하자 마음이 상쾌하이
始知名下無虛士 이름난 선비치고 헛됨이 없음을 알았노니
堪愧年前闕敬身 지난날 허물이야 부끄러움 견딜거나
嘉穀莫容稊熟美 아름다운 곡식 속에 돌피 자람 허치 마오
纖塵猶害鏡磨新 새로 닦은 거울인 양 가는 티끌 가리리라

過情詩語須刪去 내게 지나친 시빌랑은 아예 깎아버리고
努力工夫各日新 공부에 노력하여 날로 더욱 새로워지세

위 두 편의 시를 보면서 더없이 아름다운 인간의 만남을 느낄 수 있다. 한 사람은 바다와 같은 넓은 마음을 가졌고, 다른 한 사람은 바위와 같은 불굴의 투지를 가졌다. 둘 사이에는 30여 년이란 나이의 벽도, 고관과 백면서생이라는 사회적 지위의 벽도 끼어들 수 없었다. 그들은 진정한 도를 추구하는 열정으로 하나가 되었다. 지금 우리가 두 사람의 만남을 아름답다고 말하는 것은 단지 세속의 거추장스러운 허울들을 벗어버렸기 때문만은 아니다. 그들이 만들어내는 열정의 불꽃이 우리의 삶을 밝혀주기 때문이다.

『무진육조소』와 『성학십도』를 올리다

퇴계는 1558년 2월에 휴가를 얻어 고향에 내려온 뒤, 학문 연구와 교육에 전념하기 위해 거듭 사퇴서를 올렸다. 그러나 선조가 선왕의 은혜를 거론하면서까지 그를 부르자, 퇴계도 더 이상 자신의 고집만을 내세울 수 없었다. 1568년 7월에 퇴계는 드디어 서울에 들어갔다. 68세의 노학자는 이번이 그의 생애에 마지막 상경이라고 생각했다. 이는 퇴계 자신이 나라에 봉사할 수 있는 마지막 기회임을 뜻하는 것이었다. 그리고 그 봉사란 오래도록 임금 곁에 머무는 것이 아니라 임금이 임금으로서 나아가야 할 길을 분명히 밝히는 것이라 생각하고는 그해 8월에 『무진육조소戊辰六條疏』를, 12월에 『성학십도聖學十圖』를 임금에게 올렸다.

『무진육조소』에서 '무진'은 새로운 임금 선조가 등극한 해를 가리키며, '육조소'는 임금이 나라를 다스리는 데 지켜야 할 도리 여섯 가지를 아뢴 글을 뜻한다. 7,400자의 책 한 권 분량에 가까운 글을 통해 임금을 염려하는 퇴계의 마음이 어떠했는지 가히 짐작하고 남음이 있다.

퇴계가 『무진육조소』를 올리자, 선조는 감격해 이렇게 말했다.

"내가 경의 글을 보니, 경의 도덕은 옛사람에게 물어보아도 역시 그 짝이 될 만한 이가 적을 것이다. 대개 이 여섯 가지 조목은 참으로 천고의 격언이요, 지금에 당한 급한 일이다. 내 비록 못났지만 어찌 감히 간직하고 지키지 않겠는가."

『성학십도』는 우주의 기원을 설명하는 「태극도太極圖」에서 시작해 우리 자신이 그 우주, 즉 하늘과 땅 그리고 만물과 어떤 관계인가를 밝힌 「서명도西銘圖」로 이어졌다. 그러나 그 공부는 바로 일상생활에서부터 시작되는 것이기에 퇴계는 그 다음에 「소학도小學圖」를 붙였다. 일상생활로부터 길러진 덕은 곧 밖으로 드러나 백성들을 새롭게 하는 것이 되어야 하기에 그 다음은 「대학도大學圖」로 이어졌다. 그리고 백성들을 새롭게 하기 위해서는 먼저 바른 도덕이 있어야 하기에 「백록동규도白鹿洞規圖」가 그려졌다.

그런데 우주의 이법과 인간의 도덕이라는 것은 바로 우리의 마음으로부터 파악되는 것이다. 그래서 퇴계는 하늘로부터 부여받은 우리의 본성과 신체의 욕망에서 생겨나는 정情을 통솔하는 마음의 작용을 그린 「심통성정도心統性情圖」를 그 다음에 붙였다. 그리고 마음의 가장 중요한 덕은 어진 것이기에 다음 그림은 「인설도仁說圖」였다. 우리가 어질기 위해서는 무엇보다도 마음을 다스리는 것이 필요하기에 「심학도心學圖」를 그 다음에 그렸다. 그런데 마음이라는 것은 단지 마음만의 문제가 아니다. 아무리 마음속으로 생각한다고 해도 그것이 행동으로 옮겨지지 않으면 안 된다. 마음을 다스린다는 것은 곧 그 몸을 가지런히 하는 것이기에 그 다음에 「경

『성학십도』의 차례

태극도太極圖 ─ 서명도西銘圖 ─ 소학도小學圖 ─ 대학도大學圖 ─ 백록동규도白鹿洞規圖 ─ 심통성정도心統性情圖 ─ 인설도仁說圖 ─ 심학도心學圖 ─ 경재잠도敬齋箴圖 ─ 숙흥야매잠도夙興夜寐箴圖

재잠도敬齋箴圖」를 붙였다. 그리고 그 몸을 가지런히 하기 위해서는 아침에 일어나서 밤에 잠자리에 들 때까지 하루의 일과를 성실하게 지내야 하기에 퇴계는 마지막 그림으로 「숙흥야매잠도夙興夜寐箴圖」를 그렸다.

조선 학술사의 쟁점이 된 사단칠정논변

사단칠정논변四端七情論辨이란, 사단四端과 칠정七情이 어떤 관계에 있으며 그 이치가 어떻게 밖으로 표출되는가에 관한 고도의 철학적 논쟁이다. 사단칠정논변이 시작된 배경은 이렇다.

퇴계가 53년 되던 해, 충무위 상호군이란 벼슬에 임명되어 서울에서 생활할 때였다. 당시 같은 마을에 살고 있던 경기도 고양 출신의 정지운鄭之雲이라는 선비가 성리학의 원리를 간단한 그림과 글로 압축해 「천명도설天命圖說」을 만들었다. 제목 그대로 「천명도설」은 우주의 원리와 인간의 도리 등 무척 난해한 철학 이론들을 포함하고 있었다. 그러나 정지운은 이것을 완성해 놓고도 과연 그 내용이 정확한지 답답해하고 있던 차에, 마침 이웃에 살던 퇴계가 우연히 이것을 보게 되었고, 내용 중에 문제가 있는 일부를 수정했다.

그 후 5년이 지난 어느 날, 기대승奇大升과 정지운은 이 「천명도설」을 두고 토론을 했다. 기대승이 「천명도설」에 대한 의문을 풀기 위해서였는지는 몰라도 그해 처음으로 퇴계를 찾아갔으며, 그때 퇴계가 수정해 놓은 것을 보게 되었다. 집으로 돌아온 기대승은 아무리 생각해 보아도 퇴계의 수정안에 도저히 납득이 가지 않는 부분이 있었다.

그리하여 기대승은 그 부분을 적어 퇴계에게 보내게 되었고, 논쟁이 시작되었다. 논쟁은 이때부터 무려 8년간이나 지속되었는데, 이 기간 동안 사단칠정 문제뿐만 아니라 여러 가지 중요한 철학적 주제들이 두루 언급되면서 이후 한국 성리학의 전개와 흐름에 크나큰 영향을 끼쳤다. 그런 점에서 한국 학술사에서 최대의 논쟁으로 불리고 있는 것이다.

그런데 사단칠정논변은 학술적 가치에 그치지 않고, 그 논쟁을 하는 자세에서도 그야말로 모범을 보였다는 점에서 중요한 의미를 가진다. 다시 말해서 퇴계와 기대승은 학술 논쟁에서는 엄정한 학문적 자세를 견지했지만, 그 토론의 자세에서는 토론이 진행되면 될수록 서로를 존중하고 인정하는 마음을 갖게 되었다.

논변 과정에서 주고받은 다음의 말에서 그런 분위기를 느낄 수 있다.

> 퇴계 : 이제 그대의 학설을 받아 보니, 잘못된 점을 지적해 깨우쳐주고 자세하게 타일러주어 깨달음이 더욱 깊습니다. 그러나

아직도 의심스러움이 없지 아니하니, 시험 삼아 말씀드려 바로잡기를 청합니다.

고봉 : 보내주신 논변을 조목에 따라 자세히 질문하니, 선생께서 가르쳐주시기를 빕니다. 바라건대 선생은 논증과 비판을 통해 후학에게 은혜를 베풀어주시면 천만다행이겠습니다.

퇴계 : 나도 그렇게 말한 것이 온당하지 못해 폐단이 있다고 여겼는데, 공의 질책을 받고 보니 더욱 잘못되었음을 깨달았습니다.

고봉 : 저의 학문이 믿기에는 너무도 부족할뿐더러 도리어 차츰차츰 소멸되는 근심이 있사오니, 방심을 거두고 공부에 있는 힘을 다하는 것이 아니겠습니까. 바라건대 선생께서는 끝까지 가르쳐주소서.

이러한 대화가 스물여섯 살의 나이 차가 있는 두 학자 사이에서 오고 갔다는 사실이 참으로 놀랍다. 유교 문화가 나이를 중시하는 것으로 미루어, 학술 대화에서도 대충 나이로 한 수 접고 들어갔을 법도 한데 전혀 그렇지 않다. 노학자 앞에서도 전혀 기죽지 않고 자신의 소신을 당당히 피력했던 기대승의 학문적 자신감도 놀랍지만, 퇴계 또한 이를 괘씸하게 여기지 않고 소장 학자를 평등하게 대우했을 뿐만 아니라 그의 주장을 과감히 받아들이고 자신의 견해를 수정하기까지 했다. 이때의 퇴계는 이미 학문적으로 학계 원로의 반열에 있었고, 사회적으로도 성균관 대사성을 거쳐 대제학의 지위에 있었다. 그런데도 신진기예의 주장을 겸허히 받아들이고 있지 않은가.

삶의 향기

신분을 초월한 인간애

　나이가 들면서 퇴계가 큰 기쁨으로 삼은 것 가운데 하나는 새로 태어나는 손자를 보는 것이었다. 손자가 태어나면 퇴계는 편지와 선물을 보내 축하하는 일을 잊지 않았다. 그런 퇴계였기에 증손자가 태어나자 그 기쁨은 더욱 컸다. 퇴계는 우리 집에 이보다 더한 경사는 없다며 무척이나 기뻐했다.

　한편 증손자는 태어났는데 산모인 손자며느리의 몸에서 젖이 잘 나오지 않았다. 서울에서 생활하던 손자며느리는 유모를 구하려 했으나 뜻대로 되지 않자, 마침 퇴계 집안에 아이를 낳은 여종이 있어 그녀를 서울로 올려 보내줄 것을 부탁해 왔다. 그러나 퇴계는 편지를 보내 그 청을 거절했다.

들으니 해산한 지 서너 달 된 유비乳婢가 상경할 준비를 하고 있다고 한다. 어찌 이럴 수가 있나. 갓난애를 두고 어미가 올라가면 이 애를 죽이고 만다. 내 자식 키우기 위해 어떻게 남의 자식을 죽인단 말인가. 있을 수 없는 일이다. 한성에도 유비는 있을 게다. 대여섯 달만 지나면 이 아이도 충분히 키울 수 있으니 그때까지 기다려라. 기어코 올려 보내라고 한다면 아기를 데리고 올라가게 하마. 아기를 떼어놓고 가는 일은 못하게 할 것이다. 어진 사람은 차마 할 수 없는 일이 아닌가. 미안하지만 너희들이 잘 요량해서 처리하기 바란다.

 퇴계의 고집으로 증손자는 암죽을 먹고 자라야 했다. 그러나 암죽이 어찌 모유만 하겠는가. 젖을 먹지 못한 아기는 건강하게 자라지 못했고, 결국 두 돌이 지나고 얼마 되지 않아 그만 죽고 말았다. 증조할아버지 퇴계는 그 슬픔을 내색하지 않으려 애를 썼지만, 오히려 그 모습이 보는 이의 마음을 더욱 저리게 했다.

 당시로 보면 손자며느리가 여종을 유모로 올려 보내달라고 부탁하는 것은 전혀 별스러운 일이 아니었다. 오히려 이를 거절한 퇴계의 행동이 이상하다고 할 수 있다. 그때의 노비는 논밭처럼 사고팔 수 있는 일종의 재물과 같은 것이었다. 양반의 아낙네들이 아기에게 먹일 모유가 모자랄 경우 유비(유모가 되는 여자 종)의 젖을 얻어 먹이거나, 아예 여종의 젖으로만 아이를 키우는 일이 관행처럼 행해지고 있었다. 이러한 사실들로 미루어보건대, 퇴계의 신분 고하를 가리지 않고 사람을 사랑하는 마음이 얼마나 깊었는지 잘 알 수 있다.

효도는 물질보다 화락이 중요하다

예안에 사는 한 제자가 서른두 살의 나이에 사마시에 급제했다. 그는 부모님을 즐겁게 해드리기 위해 잔치를 베풀고 노래하는 배우들도 부를 계획을 세웠다. 퇴계는 이 소식을 듣고 몹시 걱정했는데, 왜냐하면 그 제자의 집안 형편이 배우를 불러 잔치를 할 정도로 넉넉하지 않다는 것을 잘 알고 있었기 때문이다. 그래서 같은 고을에 사는 제자 조목趙穆에게 편지를 보냈다.

> 그 사람이 큰 노래잔치를 베푼다고 하니, 그의 경제적 능력으로 볼 때 뒤에 매우 곤란해지지나 않을까 모르겠구나. 정말 그렇게 된다면 부모를 위한 일이라 그만두라고 하기는 어렵지만, 말리지 않고 내버려두어서 하루아침에 고을 사람들의 지탄의 대상이 된다면 뒷날 부모님께 끼칠 근심은 돌이킬 수 없게 된다. 예로부터 효자와 어진 사람이 부모를 즐겁게 함은 외면적인 영화에 있는 것이 아니라 했다. 내가 후배들을 보니, 조그마한 명성

만 얻어도 지나치게 좋아해 평생 짊어지고 가야 할 큰 짐을 만들려고 하는 것 같다.

퇴계의 효孝에 관한 가르침을 오늘날에 사는 우리는 어떻게 이해할 것인가? 그것은 두 가지로 요약할 수 있다. 하나는 자신의 도道를 지키라는 것이고, 다른 하나는 부모님을 마음으로 기쁘게 해드리라는 것이다.

먼저, 자신의 도를 지키라는 말은 자기가 의미를 부여할 수 있는 자기 세계를 가지라는 뜻이다. 그것이 반드시 학문이 아니라도 자신이 의미를 부여할 수 있고 평생 노력할 가치가 있는 자기만의 일을 가지라는 것이다. 그것이 자신에게 도인 것이다. 물론 그것이 자신의 직업으로 연결될 수 있다면 금상첨화일 것이다.

자기 일에 의미를 부여하면서 즐겁게 살면 자연히 마음에 여유가 생기고, 또 그런 삶을 오래 지속하다 보면 자연히 남의 인정도 받게 되는 것이다. 그렇게 되면 효를 실천할 수 있을 뿐 아니라, 그렇게 여유 있게 인정받으며 사는 것 자체가 부모님에게 효가 되는 것이다. 욕심이 많은 사람은 효도할 여유도 그만큼 줄어들게 된다.

다음으로, 부모님을 기쁘게 한다는 것은 꼭 비싼 음식이나 호화로운 물건을 드려야만 부모님이 기뻐하실 것이라는 천박한 물신주의를 버리라는 뜻이다. 사실 옛날에는 물질이 부족했기 때문에 마음으로 효도할 수밖에 없었던 면도 있지만, 물질이 있든 없든 효의 본질은 부모의 마음을 기쁘게 하는 것이라는 데는 이론의 여지가 없다. 그러나 마음으로 부모님을 기쁘게 한다는 것은 말처럼 결코 쉬운 일은 아니다.

퇴계는 홀어머니와 형님들을 대할 때는 학자로서 점잖게 품위를 지키려 하기보다는 어린아이처럼 즐거운 얼굴로 대함으로써 화락和樂한 분위기를 만들고자 애썼다고 한다. 참으로 쉬운 일은 아니지만, 효에서 체면보다는 화락이 우선이라는 말은 진리임이 분명하다.

자식 교육은 자상하면서도 엄격하게

퇴계는 형님들이 일찍 세상을 떠나자 40대 후반부터 집안 전체를 책임지는 입장이었다. 친자식과 조카 그리고 집안 자손들의 교육과 혼사, 농사와 납세, 재산 관리 등 모든 문제에 신경을 쓰고 직접 챙겨야 했다.

자식 교육과 관련해 퇴계의 가서家書에서 나타나는 가장 큰 특징은 자상함과 엄격함이다. 52세 되던 해 퇴계는 서울에서 성균관의 최고 책임자인 대사성을 역임하고 나서 잠시 한직에 있었다. 그때 맏아들 준寯에게 보낸 편지 가운데 이런 구절이 있다.

네가 시험 칠 때 착용할 귀마개는 값이 비싸다는 핑계로 막동이가 질질 끌기만 하고 바로 구해 오지 않는구나. 시험을 친 후에도 또 겨울이 깊어져 모피가 아주 적거나 전혀 좋은 물건이 없어서 사러 가서도 좋은 물건을 구하지 못했다. 끝에 가서 다시 임영수林永守가 간신히 조금 나은 것을 구하였기에 만들어서 보낸다. 네가 몹시 기다릴 것을 알고 있는데 이렇게 늦어졌고 또 그렇게 썩 좋은 것도 아니어서 안타깝다. 그러나 흔히 착용하는 물건을 꼭 좋은 것으로만 구하는 것이야말로 큰 병통이니, 이 정도라도 무방할 것이다. 그렇게 알아라.

이 편지에는 '막동이'라는 재미있는 노비 이름도 나오고 당시 사대부들이 물건 구입하는 방법도 나타나 있어서 신기하다. 하지만 무엇보다도 놀라운 것은 대사성을 지낸 사대부가 맏아들의 귀마개 하나를 구입하는 데 이토록 세심하게 신경을 썼다는 점이다. 좋은 것은 너무 비싸서 포기하고 저렴한 것은 질이 너무 떨어져서 제외하고, 결국 제철이 다 지나고 나서야 적당한 것을 구해 보내면서 아들에게 좋은 것을 사주지 못하는 데 대해 미안해하는 부정父情을 피력하고 있다. 아울러 너무 좋은 것을 고집하는 것도 큰 병통이라는 훈계도 빼놓지 않고 있다.

형님들이 대부분 돌아가시고 난 뒤 퇴계가 신경 쓰고 챙겨야 했던 아들과 조카, 내외손은 거의 90여 명에 이르렀다고 한다. 이들의 교육과 벼슬살이, 혼인 등을 도맡아 관리해 집안을 일으킨 배경에는 이같이 무서우리만치 확고한 정신력이 있었던 것이다.

제사를 모시는 자세

예안에 사는 제자 김부륜金富倫이 퇴계에게 물었다.

"집안 제사 의식 가운데 예에 맞지 않는 부분이 있어 고치고자 하는데, 부형들이 동의해 주지 않으니 어떻게 하면 좋겠습니까?"

요즘도 제사의 절차나 의식을 둘러싸고 논란을 벌이는 경우를 자주 볼 수 있는데, 그 당시 김부륜은 자기 집안의 부형들과 생각이 달라서 이러지도 저러지도 못하고 고민 끝에 퇴계를 찾은 것이다.

선생은 이렇게 충고했다.

"상례나 제례는 일단 조상들이 하던 대로 하는 것이 좋을 것이다. 그렇기 때문에 '부형이 계시는데 어떻게 옳은 말을 들었다고 그대로 행동으로 옮길 수 있는가?' 하지 않는가. 그래서 제사 의식에 잘못된 것은 갑자기 고치기 어려운 것이다. 그러나 내가 독실하게 성심으로 행동해서 친척과 부형이 점차 나를 믿게 되었을 때, 예에 합치되지 않는 의식을 고쳐서 옳은 데로 따르도록 청할 수도 있을 것이다."

집안의 잘못된 관습이나 절차를 고치는 데 대한 퇴계의 생각은 한마디로 『논어』에 나오는 "부형이 계시는데 어떻게 들었다고 해서 즉시 행동으로 옮길 수 있는가?"라는 것이었다. 자신의 생각으로는 아무리 옳은 일일지라도 부형의 생각과 다를 때는 무조건 관철시키려 해서는 안 된다는 것이다.

일단은 어른들의 의견을 존중하면서, 자신의 판단이 경솔하게 일시적인 생각에서 나온 것이 아니라는 점을 성심성의껏 납득시킨 뒤에 바꿔나가야 한다는 것이다. 우리는 보통 자기가 옳다고 판단하면 무리하게 자기주장을 밀고 나가다가 결국 의를 상하게 된다. 그러므로 선생의 이 말은 반드시 제사의 절차나 가족 간의 문제에만 국한되는 것이 아니라, 모든 대인 관계에 적용되는 말이라 할 수 있다. 말로 상대를 굴복시키려고 애쓰는 것이 아니라, 행동으로 감복시키는 것이 퇴계의 실천 철학이다.

출처의 원칙

퇴계는 벼슬에 대해서는 시종일관 난진이퇴難進易退의 자세를 취했지만, 결코 적지 않은 세월을 벼슬길에서 보냈다. 권오봉 교수의 정리에 따르면, 퇴계는 34세에 문과에 급제한 뒤 70세에 죽을 때까지 약 90종의 관직을 140여 회에 걸쳐 임명받았다. 그리고 그 가운데 79회에 걸쳐 사직소를 올렸지만 사직이 받아들여진 경우를 제외한 나머지 110여 직책에는 실제로 종사했다. 선생이 관직에 있었던 기간을 모두 더하면 대략 14년 10개월이 된다.

보는 관점에 따라 사퇴를 많이 한 것으로 보일 수도 있고 관직을 많이 받은 것으로 보일 수도 있지만, 벼슬에 머문 기간을 감안하면 벼슬살이를 많이 했다고 보기는 어렵다. 퇴계가 평생의 출처出處를 결정했던 기준은 '군신 간의 의리'와 '학자의 소신'이었다. 둘가 충돌했을 경우에 선생이 후자를 택했던 것은 조선시대 선비들의 행동 양식 그대로이지만, 군신 간의 의리나 사대부로서의 사회적 책임 또한 결코 소홀히 하지 않았다.

이익을 보면 먼저 의리를 생각하라

퇴계의 맏아들 준寯은 동생 채寀가 죽고 실질적인 외동이 되어 집안 살림을 돌보느라고 학문을 크게 하지는 못했다. 그래서 음직蔭職으로 집경전 참봉이라는 한직을 받았다. 준은 참봉 직에 있으면서 받은 녹봉 가운데 쓰고 남은 것으로 몇 가지 물건을 사서 아버지에게 보내드렸다. 이것을 받은 퇴계는 아들에게 다음과 같은 편지를 보냈다.

관아라는 곳이 본래 빠듯하여 지급받은 녹봉이나 식물食物이 남는다 해도 결코 많을 수 없다. 그런데 이렇게 물건을 사서 나에게 실어 보냈으니 지극히 마음이 편치 못하다. 사소한 식물이라면 몰라도 무리해서 지나치게 보내는 것은 벼슬하는 사람이 맑은 마음으로 일을 성찰하는 도리가 아니다. 이처럼 습관이 되면 후일 수습하기 어려울까 두렵다. 근래에 와서 문음門蔭의 은택을 입은 자들이 심지어 수령에 이르기까지 멋대로 망령된 행동을 하며 일신의 이익에만 급급하고 다른 것은 돌아보지 않으니 답답한 노릇이다. 사람의 마음이란 매우 위태로운 것이니 진실로 경계해야 한다.

국록을 받는 아들이 혹시라도 가족을 생각하는 마음에 관물을 사사로이 사용함이 있을까 하여 걱정하고 있다. 퇴계는 그 아들에게 "무릇 관직에 있을 때는 마음을 염정고담恬靜苦淡(편안하고 고요하며 담박함)하게 갖지 않으면, 반드시 해서는 안 될 일을 하게 될 것이다"라고 충고했다.

2장 마음에 대한 성찰 -사단칠정론

왜 마음인가

퇴계는 왜 마음을 중시했는가

　명종에 이어 왕위에 오른 선조가 5개월 동안 일곱 번이나 퇴계에게 벼슬을 내렸지만 그는 응하지 않았다. 이에 선조가 "예전에 선왕께서 경을 유달리 총애해 남달리 우대한 것은 지극하다고 할 수 있다. ……경은 차마 선왕을 잊어버리고 나를 버리지는 못할 것이다"라고 선왕의 은혜를 거론하면서까지 그를 부르자, 더 이상 거절하지 못하고 1568년에 상경했다. 퇴계의 나이 68세였다. 노학자요 원로대신인 퇴계는 17세로 등극한 어린 군주에게 유교의 이상적인 정치를 펼칠 수 있는 지침으로서 『무진육조소』를 지어 바쳤다. 그뿐 아니라 군주로서 갖추어야 할 인격을 도야할 수 있도록 학문적 기반을 제공하는 데도 심혈을 기울였다. 퇴계학의 결정체라고 일컬어지는 『성학십도』가 그 결과물이다. 성학이란 성인이 되기 위한 학문을 말한다. 유교에서는 내면적으로 성인의 인격을 갖추고 있어야 진정한 의미의 군주가 될 수 있다고 보았다. 이것을 '내성외왕內聖外王'이라 한다. 이 두 편의 글은 퇴계 필생의 역작으로, 그는 이것이 국가와 군왕에 대한 최후의 임무라고 여겼다.

『성학십도』의 서문에서 퇴계는 이렇게 말하고 있다.

> 군주의 마음은 온갖 일이 비롯되는 곳이며, 모든 책임이 모이는 곳이며, 모든 욕구가 서로 공격하고 사특함이 번갈아 뚫고자 하는 곳입니다. 한 번 태만해 소홀해지고 방종이 계속되면, 산이 무너지고 바다가 넘치는 것처럼 걷잡을 수 없게 될 것이니 누가 막을 수 있겠습니까.

퇴계는 왜 이렇게 '마음(心)'을 중시한 것일까? 인류의 보편적 이상은 행복한 가정을 이루어 아름답고 선한 사회를 만들며, 이를 바탕으로 평화로운 세계를 건설하는 것이다. 유학 사상을 체계적으로 정리한 『대학』에서는 "가정이 질서가 잡힘(家齊)" "나라가 다스려짐(國治)" "천하가 화평하게 됨(天下平)"이라고 표현한다. 가정의 질서를 세워 국가를 다스리고 세계를 화평하게 하는 주체는 인간 자신의 몸이다. 그러므로 "몸 닦음(修身)"이 먼저 요구된다. 그런데 몸을 지배하는 것은 바로 마음이다. 유교에서 "마음은 몸의 주인"이라고 해서 "마음을 올바르게 함(正心)"을 유달리 강조한 것은 이와 같은 이유 때문이다. 정치, 경제 등 외적인 사회 문제의 최종적 원인은 바로 인간의 마음에 있다고 본 것이다. 군주는 국가의 운명을 결정짓는 주체로서 막강한 권력이 집중되는 자리이다. 퇴계는 사회가 혼란에 빠져 국가가 멸망하게 되는 근본 요인은 군주의 오만하고 태만하고 방종한 마음에 있다고 보았던 것이다. 그렇다면 마음이란 무엇인가?

마음은 성과 정으로 이루어진다

성리학에서 마음은 성性과 정情으로 이루어진 것이라고 말한다. 이를 '심통성정心統性情'이라고 하는데, 마음은 성과 정을 통합한다는 뜻이다. 성은 인간과 사물이 선천적으로 타고나는 본성으로서 마음의 본체이며, 정은 마음의 구체적인 작용이다. 오늘날의 용어로 표현하자면, 정은 지정의知情意를 포함해 마음의 모든 작용을 포괄하는 개념이다. 중국의 유교 사상가들은 전통적으로 '성'에 관해 다양한 논의를 해왔다. 맹자의 성선설, 순자의 성악설 등이 그것이다. 맹자는 "물이 아래로 흐르는 속성을 갖고 있듯이 인간은 본래 선이라는 도덕성을 갖고 태어난다"고 주장했다. 그러므로 인간에게는 도덕 세계와 윤리적 행위가 가능하다는 것이다. 반면에 순자는 인간의 본성은 악하기 때문에 후천적인 학습과 수양을 통해 본성을 선하게 교정해야 한다고 주장했다. 성리학은 맹자의 성선설을 토대로 순자의 성악설을 비판적으로 수용했다.

특히 주자朱子는 북송 시대의 유학자 정이천程伊川이 주장한 '성이 곧 리[1]이다(性卽理)'라는 명제를 토대로 성선설의 형이상학적 근거를 확립했다. 이 명제의 의미에 대해서는 뒤에 상세한 설명이 있겠지만, 대략은 '인간의 본성은 천리天理로서, 순수하고 절대적인 선 그 자체'라는 뜻이다. '성즉리'는 주자 성리학의 제일 명제로서 논적論敵인 육상산의 '마음이 곧 리이다(心卽理)'와 극명하게 대비되는 학설이다. 주자가 성을, 육상산이 심을 주제로 삼았다면, 퇴계를 비롯한 당시 조선의 유학자들은 '정'을 주제화했다는 점에서 중국 유학자들의 문제의식과 뚜렷하게 구별된다.

주자 성리학은 자연과 인간의 마음을 리기론理氣論으로 설명하고 체계화하는 특징을 갖는다. 주자와 육상산이 성과 심을 리기론으로 해석해 각각 '성즉리'와 '심즉리'를 주장한 것이 그 예이다.

그런데 퇴계와 그의 논적인 기고봉에게는 '정'을 리기론으로 어떻게 설명하고 체계화할 수 있는가가 중심 과제였다. 이것이 한국 철학사에서 가장 빛나는 '사단칠정논변'이다. 그렇다면 리기론이란 무엇인가?

리기론

리와 기란 무엇인가

 유학사상은 송대에 이르러 '신유학(Neoconfucianism)'이라 불릴 정도로 획기적인 변화가 일어난다. 이 새로운 유학을 총정리해 체계화한 학자가 주자이다. 이 신유학을 성리학 또는 주자학이라고도 한다. 성리학에서는 세계를 설명하는 방식이 그 이전의 유학과 질적으로 달라진다. 이전의 유학자들은 끊임없이 변화하는 세계를 세계의 전체로 인식하고, 운동의 원인을 현상계 자체에서 찾으려는 경향이 강했다. 그런데 주자는 세계를 운동하고 변화하는 현상계와, 그 형이상학적 근거가 되는 원리의 세계라는 이중 구조로 파악했다. 인간의 마음은 사물의 자극을 받지 않을 때는 발동하지 않아서 고요하다가 자극을 받으면 발동하여 움직이고, 그러다 다시 고요해지는 반복 운동을 거듭한다. 자연계도 밤과 낮이 순환하며 더위가 가면 추위가 오고 추위가 가면 더위가 오는 반복 운동이 계속된다. 인간의 마음과 자연은 동일한 유형으로 변화한다. 주자는 마음의 작용과 천체의 운동을 관찰하고 역법曆法에 관한 문헌들을 연구해 이와 같은 움직임이 일어나게 되는 필연적인 이유와 근거를 탐색했다. 그리하여 순환적으로 운동해 변화하는 현상계를 '기氣'로 규정하고, 그 근거를 '리理'로 규정했다.

『주역』「계사전」에 이런 구절이 있다.

"한 번은 음적인 방향으로 운동하고 한 번은 양적인 방향으로 운동해 가는 것을 도道라고 한다."

세계의 변화에는 일정한 질서가 있는데 이것이 도라는 것이다. 이 구절에 대해 주자는 "음양이 순환적으로 운동하는 것은 기이며, 그 리가 곧 도이다"라고 설명했다. 여기에서 세계는 리와 기의 이중 구조로 파악된다.

리와 기의 개념은 사실(fact)과 가치(value)의 두 가지 측면으로 나누어 설명할 수 있다. 사실의 측면에서 보면 리는 자연과 인간의 마음을 포함해 모든 사물을 존재하게 하고, 그 존재 양상을 규제하는 형이상학적 근거이다. 그리고 우리가 흔히 "자연계는 자연법칙의 지배를 받는다"라고 말하듯이,

리는 사물들이 조화를 이루고 질서 있게 운동하도록 통제하는 법칙이다. 이것을 '시킨다' 또는 '주재한다'고 표현한다. 기는 사물들을 실질적으로 구성하는 질료이며 운동에너지이다. 즉, 현실 세계를 구성하고 운동·변화하는 모든 것은 기이며, 그 존재 원리와 운동 법칙이 리인 것이다.

가치의 측면에서 보면, 리는 모든 가치의 근거가 되는 절대선이며 인간은 마땅히 지켜야 할 당위의 도덕법칙인 반면에, 기는 무수하게 차이가 있는 상대적인 가치를 갖는다. '리=절대적 가치, 기=상대적 가치'라고 도식화할 수 있다.

리와 기의 관계를 쉬운 예로 설계도와 건축 재료에 비유해서 알아보자. 설계도는 건축주가 마음속으로 생각하는 집의 크기와 모양 및 기능 등을 종이에 그려놓은 것에 불과하다. 그렇지만 현실에 존재하는 집의 근거는 바로 설계도에 있다. 예컨대 통나무로 지은, 높이가 5미터인 뾰족지붕의 단층 건물이 있다고 치자. 높이가 3미터일 수도 있고 6미터일 수도 있는데 왜 꼭 5미터인가? 집은 벽돌로 지을 수도 있고 시멘트로 지을 수도 있는데 왜 통나무집인가? 지붕은 둥글지 않고 왜 뾰족한가? 이 모든 이유는 설계도에서 찾을 수 있다. 설계도는 그 집을 그 집이 되도록 규정하고 존재하게 하는 근거인 것이다. 또한 그 집이 일정한 기능을 하도록 작동시키는 것도 설계도에 기록된 지시 내용이다.

하지만 우리는 설계도에 그려진 집에서는 앉을 수도, 잠을 잘 수도 없다. 설계도의 내용을 현실화시키기 위해서는 통나무, 유리, 철물 등 건축 재료가 필요하다. 이 재료들을 설계도가 지시하는 내용에 따라 조립했을 때 비로소 현실에서 사용할 수 있는 집이 된다.

건물이 완성되면 준공 검사를 받아야 한다. 이것은 집이 잘 지어졌는지 잘못 지어졌는지, 다시 말해서 좋은 집인지 나쁜 집인지 그 값어치를 평가하는 것이다. 이때 평가 기준이 되는 것도 역시 설계도이다. 설계 도면에 높이 5미터라고 표시되어 있는데 실제로 측량해 본 결과 20센티미터의 오차가 발견된다면, 집은 그만큼 잘못 지어져 가치가 떨어진다. 즉, '좋은 집'이라는 가치가 발생하는 근거도 설계도에 있다. 그러므로 설계도는 시공 업자가 준수해야 할 원칙이다.

그러나 아무리 설계 도면에 충실하게 집을 지었다고 해도 건축 재료가 불량품일 경우에는 설계도의 내용을 제대로 구현할 수 없다. 좋은 자재는 바로 설계도의 내용을 충실하게 반영시키는 것이다. 하지만 자재의 품질은 천차만별이다. 그 품질의 좋고 나쁨은 설계도를 몇 퍼센트 반영시키는가에 따라 결정된다. 좋은 자재란 바로 설계도의 내용을 100퍼센트 반영할 수 있는 것이다.

흔히 기에는 청탁수박淸濁粹駁이 있다고 말한다. 맑음과

탁함, 순수함과 잡스러운 것이 섞여 있는 정도가 다양하다는 의미이다. 투명하게 맑은 기는 리의 절대선을 현실계에 그대로 구현한다. 하지만 탁한 기는 그 탁한 정도만큼 리를 엄폐한다. 마치 구름이 태양을 가리듯이 말이다.

리와 기의 관계

리와 기는 서로 '분리되지 않으면서 동시에 섞이지도 않는 관계(不離而不雜)'에 있다. '분리되지 않음'이란 리와 기가 시공간적으로 분리되지 않는다는 것이다. 마치 건축 자재 없이 설계도만으로 집을 지을 수 없고 설계도 없이 건축 자재만으로 집을 지을 수 없듯이, 리 없는 기는 없고, 기 없는 리는 없다. '섞이지 않음'이란 리와 기가 형이상과 형이하, 그리고 절대적 가치와 상대적 가치라는 각각의 독자적 영역을 갖는다는 것이다. 보다 엄밀히 말한다면, 기의 상대적 가치가 리의 순수한 절대 가치를 침해하지 않는다는 뜻을 내포한다.

이와 같이 리와 기는 상호 의존적인 동시존재의 관계를 갖는 한편으로 형이상과 형이하, 절대적 가치와 상대적 가치라는 차등적 관계를 갖는다. 전자를 "리와 기는 선후가 없다(理氣無先後)"라고 하며, 후자를 "리가 먼저이고 기가 뒤이다(理先氣後)"라고 표현한다. '리선기후'는 물론 시간상의 선후를 말하는 것이 아니다. 이것은 근거를 주는 자와 근거를 받는 자와의 관계라는 형이상학적 관념을 선후라는 시간적 개념으로 표현한 것이다. 또한 윤리적으로 말한다면, 사실적 존재에 대한 가치의 우선이라는 의미에서의 선후라고 할 수 있다. 즉, 리와 기는 형이상학적 측면, 혹은 가치의 측면에서 불평등한 차등 관계를 갖는다.

심성정의 개념

주자학의 특징은 자연과 인간의 마음을 리와 기라는 개념으로 설명해 체계화하는 데 있다. 그중에서도 '마음'이 보다 중심적인 과제이다. 앞서 우리는 성리학에서 마음 곧 심心은 성性과 정情으로 이루어지며, 심의 본체가 성이고 작용이 정이라고 말했다.

주자는 이 가운데 '성'을 주제로 삼아 리기론으로 설명하는 데 심혈을 기울였다. 그는 『중용』 1장의 "하늘이 명령해 부여해 준 것을 성이라고 한다"라는 구절을 해석하는 자리에서 "성이 곧 리이다"라고 정의한다. 이 학설은 본래 정이천이 주장한 것이다. 이 말의 뜻은 무엇일까? 중국에서는 전통적으로 인간은 하늘의 속성을 타고난다고 믿었다. 맹자는 "인간의 본성을 알면 하늘을 알 수 있다"고 했다. 인간의 본성과 하늘의 속성은 일치한다는 것이다. 그러므로 "성은 인간에게 내재된 천도이다"라고 말하기도 한다. 여기에서 하늘 곧 천天은 지극히 고귀하고 아름다우며 모든 선악의 기준이 되는 절대자이다. 인간의 본성은 하늘처럼 고귀하고 아름답고 선한 절대가치를 갖는다는 것이다. 천과 성을 리기론으로 정의하면 '하늘은 리이다' '성이 곧 리이다'라는 명제가 성립한다. 리는 바로 모든 가치의 근거가 되는 절대선이기 때문이다. '성이 곧 리이다'라는 말의 뜻은 인간의 본성은 모든 가치의 근거가 되는 절대선 그 자체라는 것이다.

그러나 현실에서 인간은 선한 정도가 모두 다르며 선하지 못한 경우도 있다. 이 점을 어떻게 설명해야 하는가? 주자는 현실적으로 존재하는 모든 것은 리와 기로 이루어진다는 점을 토대로 설명한다. 성은 리와 기의 합인 마음의 본체이기 때문에 어떤 방식으로든 기와 연계되어야 한다. 그는 일단 리가 기와 결합해야만 현실적인 사물의 본성이 된다고 보았다. 그런데 리가 기와 결합하면, 기의 맑고 탁한 정도에 따라 그 선함이 구현될 수도 있고 가려질 수도 있다. 99퍼센트 맑은 기와 결합하면 리의 선함이 99퍼센트 발휘된다. 아주 탁한 경우에는 리의 선함이 거의 발휘될 수 없다. 이와 같이 현실적으로 기에 의해 한정을 받는 리를 '기질지성氣質之性'이라고 부른다. 기질지성은 기질의 '청탁수박'에 따라 천차만별의 가치를 갖는다. 한편 기질과 결합되었다고 해도 그 리의 선함이 손상되는 것은 아니다. 그 리를 논리적으로 기와 분리시켜 리만 가리킨 것을 '본연지성本然之性'이라고 부른다. 본연지성은 절대선이다. 맹자가 말한 '성선'의 성이 바로 본연지성이라고 주자는 말한다. 리와 기의 관계성을 대입시키면, 기질지성은 리와 기가 '분리되지 않음'에 해당하며, 본연지성은 '섞이지 않음'에 해당한다.

이 이론을 간단한 비유를 들어 설명해 보자. 지금 탁자 위에 물이 담긴 비커가 세 개, 그리고 똑같은 다이아몬드가 세 개 있다고 가정해 보자. 비커 A에는 99퍼센트 순도의 맑은 물이, B에는 순도 50퍼센트의 흐린 물이, C에는 새카맣게 탁한 물이 담겨 있다. 여기에서 물은 기에, 다이아몬드는 리에 해당한다. 이 다이아몬드가 물에 들어가기 이전에는 리이고, 들어가면 성이 된다. 비커 A에 담긴 다이아몬드는 그 아름다운 모습과 광채가 99퍼센트 비커 밖으로 나타나며, 비커 B의 경우는 50퍼센트만 나타난다. 하지만 비커 C에 담긴 다이아몬드는 거의 보이지 않는다. 바로 이 다이아몬드가 기질지성이다. 그러나 다이아몬드가 아무리 더러운 물속에 잠겨 있다고

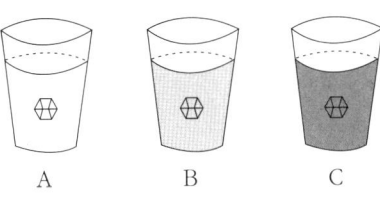

해도 본래의 모습과 성질 그리고 빛은 조금도 바뀌지 않는다. 현실적으로 눈에 보이는 물을 관념적으로 제거한 다이아몬드 그 자체가 본연지성이다. 그리고 물과 다이아몬드가 담겨 있는 비커가 마음이다.

아무리 탁한 물도 정수기를 통과하면 맑아진다. 다시 말해서 탁한 기도 맑게 정화될 수 있다는 것이다. 이것이 수양이다. 그리고 정수기에 해당하는 것, 즉 수양의 매개체가 예와 음악과 경서 등이며, 교육 및 넓은 의미의 정치 행위도 여기에 해당하는 것으로 보았다. 그러므로 유학에서는 현실에서 아무리 악한 인간도 본성 자체는 선하기 때문에 수양을 통해 본래의 선한 본성을 실현시켜 성인이 될 수 있다고 본다. 주자가 맹자의 성선설을 계승해 "성이 곧 리"라고 주장한 이유는 바로 이와 같은 윤리성을 강화하기 위해서였다. 인간은 '리'라는 본성을 갖고 있기 때문에 누구나 절대적으로 선한 존재로서 도덕적 행위가 가능하다. 그러므로 수양을 통해 본성의 선함을 회복하고 이를 사회적으로 실천해야 한다는 것이다. 이것은 주체적인 수양을 통해 자신을 성숙시키고 이를 바탕으로 행복한 가정과 정의로운 사회, 나아가 세계 평화라는 인류의 이상을 달성하기 위해 그 형이상학적 근거를 구축한 것이다. 그러나 주자는 성과 더불어 심을 구성하는 또 하나의 요소인 '정'에 대해서는 "성이 발현되어 정이 된다"라는 정도의 언급만 했을 뿐 체계적인 설명을 하지 않았다. 그러니까 중국 성리학에서 '정'은 문제로 인식되지 않은 것이다. 이 문제는 퇴계 당시 조선의 유학자에 의해 본격적으로 제기된다.

사단과 칠정

사단과 칠정의 의미

  사단칠정론은 16세기 조선의 유학자들이 창안한 독창적인 이론 체계이다. '사단'과 '칠정'이라는 용어는 유교의 경전인 『맹자』와 『예기』에 나오며, 주자가 사단과 칠정을 함께 언급한 대목도 있다. 하지만 이를 하나의 학설로서 체계화한 경우는 중국이나 일본에 존재하지 않는다.

  이 이론의 핵심은 사단과 칠정이라는 '정' 특히 사단을 리기론으로 어떻게 설명할 수 있는가 하는 점에 있다. 성리학은 자연과 인간의 마음 등 모든 문제를 '리'와 '기'라는 용어로 해석함으로써 세계를 통일적으로 인식하려는 것이 그 특징이다. 주자는 마음의 본체인 '성'을 리기론으로 설명해 '성즉리'라는 명제를 중심으로 학설을 정립했으나, '정'에 대해서는 크게 관심을 갖지 않았다. 조선의 학자들이 마음의 실제적 작용인 '정'을 주제로 설정한 것은 철학적 논의가 보다 현실화되고 구체화되었다는 징표이다.

'사단'은 맹자가 인간의 본성이 선하기 때문에 도덕적 행위가 가능하다는 자신의 주장을 논증하기 위해 제시한 것이다.

> 인간은 누구나 불인인지심不忍人之心을 갖고 있다. 선왕이 불인인지심을 갖고 있어서 이에 불인인지정不忍人之政이 있게 된 것이다. 불인인지심으로 불인인지정을 시행한다면 천하를 다스리는 일을 손바닥 위에서 움직일 수 있다. 인간은 누구나 불인인지심이 있다고 말한 이유는 다음과 같다. 지금 어떤 사람이 어린애가 막 우물에 빠지려는 것을 보았다면 누구나 소스라치게 놀라며 안타깝고 아픈 마음을 갖게 될 것이다. 이것은 안으로 어린애의 부모와 사귀려는 이유도 아니고, 마을 친구들에게 칭찬을 받으려는 이유도 아니며, 구해주지 않았다는 오명이 싫어서 그렇게 하는 것도 아니다. 이 사실로 말미암아 보건대, 측은지심惻隱之心이 없으면 인간이 아니고, 수오지심羞惡之心이 없으면 인간이 아니고, 사양지심辭讓之心이 없으면 인간이 아니고, 시비지심是非之心이 없으면 인간이 아니다. 측은지심은

인仁의 단서이고, 수오지심은 의義의 단서이고, 사양지심은 예禮의 단서이고, 시비지심은 지智의 단서이다. 인간이 사단四端(네 가지 단서)을 갖고 있는 것은 인간이 사지를 갖고 있는 것과 같다. 이 사단이 있는데 스스로 도덕적 행위가 불가능하다고 말하는 자는 스스로를 해치는 자이며, 그 군주가 불가능하다고 말하는 자는 군주를 해치는 자이다.

—『맹자』「공손추」상편

맹자는 백성에게 '불인인지정(다른 사람에게 차마 하지 못할 짓을 하지 않는 정치)'을 하지 말고 덕으로 다스려야 한다고 주장했다. 그리고 이러한 도덕정치가 가능한 근거를 인간이라면 누구나 본래부터 갖고 태어난 '불인인지심(다른 사람에게 차마 하지 못할 짓을 하지 않는 마음)'이라는 도덕적 마음에서 찾았다. 그리고 인간이 도덕심을 갖게 되는 것은 본성이 선하기 때문이라고 주장했다. 이 '불인인지심'의 구체적이고 경험적인 내용이 바로 사단이다. 인간은 사지를 갖고 있듯이 사단을 갖고 태어난다. 이 사단은 인의예지라는 본성이 발현된 정감이다. '측은지심'은 타자의 고통에 대해 안타까워하고 아파하는 마음으로, 인이 나타난 것이다. '수오지심'은 자신의 잘못을 부끄러워하고 다른 사람의 불의에 대해 분노하는 마음으로, 의가 나타난 것이다. '사양지심'은 양보하고 남을 배려하는 마음으로, 예가 나타난 것이다. '시비지심'은 선악을 판단하는 마음으로, 지가 나타난 것이다. 이 네 가지의 도덕적으로 선한 정감이 있기 때문에 인간은 누구나 도덕적 행위가 가능하다. 그리고 이를 통해 인의예지라는 도덕성을 확인할 수 있고 성선설의 타당성을 논증할 수 있다.

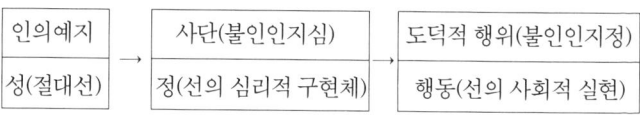

'칠정'은 『예기』 「예운」편에 나온다. 그 구절을 옮겨본다.

> 무엇을 인간의 정이라고 하는가? 희로애구애오욕喜怒愛懼哀惡欲 일곱 가지는 배우지 않아도 능한 것이다.

기쁨, 분노, 사랑, 두려움, 슬픔, 싫어함, 욕구 등 인간의 일반적인 정감 일곱 가지를 '칠정'이라고 한다. 이 정감은 선천적으로 타고난 것이다. 그런데 실제 사단칠정논변에서 문제가 되는 것은 칠정이 아니라 『중용』 1장의 다음 구절에 나타난 '희로애락'이다.

> 희로애락이 아직 발동하지 않은 것을 중中이라고 하며, 발동해

절도에 맞는 것을 화和라고 한다. 중은 천하의 큰 근본이며, 화는 천하의 보편적인 길이다.

여기서는 희로애락의 네 가지 감정만 제시된다. 칠정은 인간의 감정 전체를 포괄하는 일반 명사로서 숫자에는 크게 구애받지 않았던 것 같다.

사단은 본성이 나타난 것으로서 순수하게 선한 정이고, 칠정은 아직 선악이 결정되지 않은 일반적인 정감이라는 점에서 서로 구별된다. 칠정이 발동해 객관적인 상황에 맞으면 선이고, 어긋나면 악이다. 이를테면 남의 결혼식에 가서 기뻐하는 것은 선이지만 장례식에서 기뻐하는 것은 악이다.

사단칠정에 관한 논의 과정

지금까지 설명한 것처럼 사단과 칠정은 본래 아무런 연관성이 없는 개념이다. 이 두 개념이 서로 연관되어 나타나는 것은 권근權近(1352~1409)의 『입학도설入學圖說』에서부터 시작한다. 『입학도설』 가운데 「천인심성합일지도天人心性合一之圖」를 보면, 마음에 리와 기라는 두 개의 원천이 있는 것으로 그려져 있다. 리의 원천은 성으로 인의예지신인데, 여기에 나오는 정이 사단이다. 그리고 기의 원천은 칠정과 같은 선에 설정되어 있다.

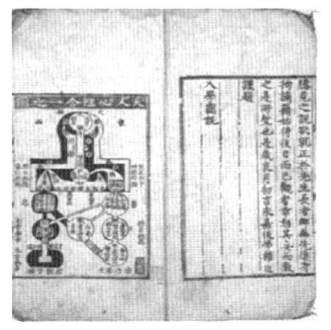 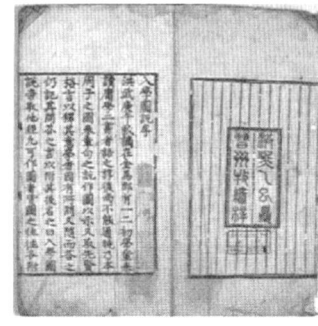

「천인심성합일지도天人心性合一之圖」

  권근은 칠정이 "드러난 것 중에는 간혹 절도에 맞지 않는 것이 있으니, 성의 발로라고 해서 사단과 똑같이 정 속에 배열할 수는 없다"(『입학도설』「천인심성분석지도」)라고 하며 칠정도 성의 발현체이지만 악으로 빠질 수 있기 때문에 순선純善한 사단과 구별해야 한다고 주장했다.

  중종 때의 유학자 유숭조柳崇祖(1452~1512)는 『대학십잠大學十箴』「명명덕잠明明德箴」에서 사단과 칠정을 리와 기로 나누어 이렇게 설명하고 있다.

  "정은 성에서 움직이니 순선하고 섞임이 없다. 의는 마음에서 발현되니 선과 악의 기미가 된다. 리가 움직여 기가 끼면 사단의 정이고, 기가 움직여 리가 따르면 칠정의 정이다."

  사단과 칠정을 리와 기로 설명해 논쟁의 도화선이 된 것은 정지운(1509~1561)의 「천명도해天命圖解」이다. 퇴계보다는 여덟 살 아래로, 호는 추만秋巒이고 김정국의 제자였다. 「천명도해」는 본래 정지운이 동생을 가르치기 위해 성리학의 기본 내용을 그림으로 그리고 설명을 붙인 것인데, 제작 연대는 1542년경으로 추정된다. 그 후 퇴계가 세간에 떠돌던 「천명도해」를 보고 잘못이 있음을 발견하고는 추만을 만나 함께 토론하고 연구해 수정본을 확정했다. 이때가 1553년으로 퇴계의 나이 52세였다. 그리고 1559년에 고봉高峰 기대승(1527~1572)이 수정본 「천명도해」의 내용을 비판하는 글을 보내는데, 이것이 한국 철학사의 획기적인 사건인 '퇴고사단칠정논변退高四端七情論辨'의 시작이었다. 당시 고봉은 퇴계보다 스물여섯 살이 적은 청년 관료였다.

정지운은 "사단은 리에서 발하고 칠정은 기에서 발한다"라고 주장했는데, 퇴계는 이 문장이 문제가 있다고 생각해 "사단은 리의 발이고 칠정은 기의 발이다(四端理之發 七情氣之發)"라고 수정했다. 이렇게 수정한 데는 일재一齋 이항李恒이 주장한 "정은 기의 영역에 둘 수 없다"라는 견해를 받아들인 것으로 보인다. 이항은 "사단은 성이 발한 것으로 순선하며, 칠정은 리와 기가 함께 발한 것이기 때문에 선과 악이 있다"고 주장했다. 당시 이항은 하서河西 김인후金麟厚와 사단칠정에 관해 논의한 적이 있는데, 이때 학자들 사이에 사단칠정에 대한 문제가 중요한 화두로 떠올랐던 것이다.

1559년 퇴계는 고봉의 비판을 받고 "사단의 발동은 순수한 리이기 때문에 선하지 않음이 없고 칠정은 기를 겸하기 때문에 선악이 있다"고 고쳤다. 이에 대해 고봉은 다시 비판하는 서신을 보냈으며, 1560년에는 퇴계가 자기 학설의 정당성을 입증하는 서신을 보냈다. 이것이 「논사단칠정제일서論四端七情第一書」이다. 그 이듬해 1561년 고봉이 「제일서」에 대해 비판한 내용을 받아들여 "사단은 리가 발현함에 기가 그것을 따르고 칠정은 기가 발동함에 리가 그것을 타는 것이다"라고 수정했다. 이것이 「논사단칠정제이서論四端七情第二書」이다. 그 뒤 두 사람 사이에 서신이 오고 갔지만, 퇴계가 더 이상 수정하지 않았고 또 고봉이 퇴계의 견해를 받아들임으로써 논변은 종결되었다. 논변이 시작된 지 8년째 되던 1566년의 일이었다. 사단칠정논변은 주장과 비판, 그리고 이에 대한 재비판과 재재비판이 이어진 치열한 논리 싸움이었다. 여기에는 연령이나 사회적 지위가 전혀 개입되지 않고 순수하게 학술적인 합리성과 엄밀성만이 추구되었다. 이를 통해 중국의 주자학이 한국의 성리학으로 토착화하는 기반이 구축되었으며, 유학사상이 한 단계 발전하는 계기가 되었다. 이제 그 과정을 검토해 보자.

사단칠정에 관한 리기론적 해석

사단칠정의 문제에 대해 퇴계가 고봉의 질문과 비판에 답변한 서신이 여러 편 있는데, 그 가운데 핵심적인 것은 세 편이다. 이 서신들은 각각 「논사단칠정제일서論四端七情第一書」 「논사단칠정제이서論四端七情第二書」 「논사단칠정제삼서論四端七情第三書」라고 이름 붙여져 『퇴계선생문집』 권16에 실려 있다. 이 서신들의 내용은 「제일서」에서 논의한 문제들의 범위를 크게 넘어서지 않는다. 「제일서」는 고봉이 퇴계에게 보낸 「사단칠정을 리기로 나누는 것은 잘못이라는 논변」에 대한 답신이다.

먼저 고봉의 주장을 정리해 보자(「사단과 칠정을 리와 기로 나누는 것은 잘못이라는 고봉의 비판」).

인간의 정감은 칠정과 사단 두 가지로 나누어볼 수 있습니다. 칠정은 정감의 전체이기 때문에 선과 악이 있으며, 사단은 그 가운데에서 선한 부분만 가려낸 것입니다. 그러므로 사단과 칠정은 하나의 정입니다. 다만 맹자는 인간의 순수한 도덕성을 증명하기 위해 칠정 이외에 사단을 말한 것일 뿐입니다. 칠정 이외에 사단이라는 정감이 별도로 있는 것은 결코 아닙니다.

문제는 사단과 칠정을 리기론으로 규정하는 방식입니다. 정지운과 같이 "사단은 리에서 발동하기 때문에 선하지 않음이 없고, 칠정은 기에서 발동하기 때문에 선악이 있다"라고 말한다면 리와 기가 갈라져서 두 개의 존재가 됩니다. 이것은 정감의 근거는 성에 있으며 현실적으로 기와 무관할 수 없다는 성리학의 기본 이론에 어긋나는 것입니다. 또한 선생님이 기미년에 보낸 서신에서 "사단의 발동은 순수한 리이기 때문에 선하지 않음이 없고 칠정은 기를 겸하기 때문에 선악이 있다"라고 개정하셨는데, 이것도 미흡합니다.

성이 막 발현되었기 때문에 기가 작용하지 않아서 본연의 선이 곧바로 이루어질 수 있는 것이 바로 맹자가 말한 사단입니다. 이것은 본디 순수하게 천리가 발현된 것이지만 칠정을 벗어날 수는 없습니다. 그러므로 사단과 칠정을 서로 대립시켜 '순수한 리' '기를 겸한 것'이라고 말할 수는 없습니다.

리는 기를 주재하는 것이고, 기는 리의 재료입니다. 두 가지는 본래 구분이 있지만 사물에서는 섞여 있어서 나눌 수 없습니다. 다만 현실 세계에서 리는 약하고 기는 강하며 리는 조짐이 없고 기는 자취가 있기 때문에, 그것이 발현될 즈음에 지나치거나 모자라는 차질이 있게 되는 것입니다. 이것이 칠정의 발동이 혹 선하게도 되고 혹 악하게도 되어 성의 본체가 온전히 드러날 수 없는 이유입니다. 그러나 그 선한 것은 천명의 본연이며 악한 것은 기품이 지나치거나 모자라는 것이니, 사단과 칠정이라는 것이 처음부터 두 개의 뜻이 있는 것은 아닙니다. 최근에 학자들이 맹자가 선 일변도로 나아가 (선한 측면만을) 발라내어 지시해준 의미를 모르고 사단과 칠정을 구별해 논하는 것은 잘못입니다. 학자는 모름지기, 리는 기를 벗어날 수 없으며 기가 지나치거나 모자람이 없이 스스로 그러하게 발현한 것이 바로 '리의 본체가 그러함'이라는 사실을 알아, 여기에 힘써야 합니다.

위에 정리한 내용의 핵심은 사단과 칠정이 하나의 정이라는 점이다. 이것은 퇴계가 사단과 칠정을 두 개의 정으로 구분하는 것에 대한 비판이다. 퇴계는 자기 주장의 이론적 기초를 위해 '사단=리=순수한 선, 칠정=리+기=선악'이라는 도식을 설정했다. 이러한 퇴계의 설명 방식은 하나의 정을 두 개의 정으로 오인하게 만든다는 것이다. 고봉은, 사단은 순수하게 천리가 발현된 것이므로 선하며 칠정은 선악 가능태라는 점을 부인하는 것은 아니다. 그러나 사단은 인간의 정감 전체를 지칭하는 칠정 가운데에서 선한 측면만 가려낸 것으로, 두 개의 정은 아니라는 것이다. 이러한 고봉의 주장은, 그가 "리는 기를 주재하는 것이고 기는 리의 재료이다. 두 가지는 본래 구분이 있지만 사물에서는 섞여 있어서 나눌 수 없다"라고 밝힌 것처럼, '리와 기는 시간적으로나 공간적으로나 서로 분리될 수 없지만 서로 섞이는 것은 아니다'라는 공식 가운데에서 '리와 기는 분리될 수 없다'라는 원칙에 기반을 둔 것이다.

고봉의 비판에 대한 퇴계의 답변은 다음과 같다(「퇴계가 고봉에게 답함 : 사단칠정을 논한 첫 번째 편지」).

> 성정에 대한 논변은 선배 학자들이 상세하게 펴서 밝혔지만 오직 사단칠정에 대해 말한 것은 단지 모두 '정'이라고만 했지, 리와 기로 나누어 설명한 것은 아직 보지 못했습니다.

이 첫 구절은 매우 중요하다. 앞서 말했듯이 인간의 마음 곧 심은 본체인 '성'과 작용인 '정'으로 이루어진다. 이 가운데에서 주자는 '성'을 탐구의 주제로 삼아 '성이 곧 리'라고 주장함으로써 도덕성의 형이상학적 근거를 확립했다. 그러나 사단과 칠정을 주제로 설정해 리기론으로 설명한 점은 이전에는 없었던 독창적인 이론이라며 이것을 퇴계는 논의의 출발점으로 삼는다.

> 정지운이 그린 「천명도」에 "사단은 리에서 발동하고 칠정은 기에서 발동한다"라는 구절이 있었는데, 분별이 너무 심해 논쟁의 실마리가 되지 않을까 염려되어 "사단의 발동은 순수한 리이기 때문에 선하지 않음이 없고 칠정은 기를 겸하기 때문에 선악이 있다"라고 고쳤지만, 완벽하다고 생각한 것은 아닙니다

퇴계도 정지운의 주장이 사단과 칠정을 지나치게 구별해 보는 폐단이 있다는 점을 충분히 알고 있었다. 그가 '사단=리의 발현, 칠정=기의 발현'이라고 고쳤다가 다시 '사단=리=순수선, 칠정=리+기=선악'이라고 고친 것은 그 폐단을 바로잡기 위한 조치였다.

> 사단은 정이고 칠정도 정이니 똑같이 정입니다. 그런데 '사단'과 '칠정'이라는 다른 이름이 있게 된 이유는 고봉이 지적한 것처럼 "나아가 말한 바가 다르다"라는 것이 그것입니다. 리와 기는 본래 서로 기다려서 그 본체가 되고 서로 기다려서 작용을 합니다. 본래 리 없는 기가 없고 기 없는 리가 없습니다. 그러나 나아가 말한 바가 다르기 때문에 구별하지 않을 수 없습니다.

이 문단의 핵심은 "나아가 말한 바가 다르다"라는 구절이다. 현실에서 보면 사단과 칠정은 모두 똑같은 '정'이다. 또한 리와 기는 본래 어느 경우에나 함께 있기 때문에 리와 기로 구별해 말하는 것도 어폐가 있을 수 있다. 그러나 말하는 사람의 관점이 다르기 때문에 사단과 칠정이라는 두 개의 다른 명칭이 있게 된 것이다. 즉, '사실'의 수준에서 보면 사단과 칠정이 모두 같은 정이지만, 관점이라는 '인식'의 수준에서 보면 구별하지 않을 수 없다. 말하는 사람의 근본 취지가 다르기 때문이다.

　'말한 바가 다르다'는 것을 '성'의 경우를 가지고 설명해 보겠습니다. 자사가 『중용』에서 "하늘이 명한 것이 성이다"라고 말한 성과, 맹자가 "성은 선하다"라고 말한 성은 '가리켜 말한 바'가 어디에 있습니까? 리와 기가 부여되어 있는 가운데 나아가 이 리의 근원과 본연의 자리를 가리킨 것입니다. 그 가리키는 바가 리에 있고 기에 있지 않기 때문에 순선하여 악이 없다고 말할 수 있습니다. 만약 리와 기가 서로 분리되지 않기 때문에 기를 겸해 말하고자 한다면 이미 성의 본연이 아닙니다. 기와 섞어서 성을 말한다면 성이 본래 선함을 볼 수가 없습니다. 송대에 장횡거와 정명도, 정이천 선생이 나온 뒤에 부득이하게 '기질지성'의 이론이 있게 되었습니다. 가리켜 말한 바가 기를 부여받아 태어난 이후에 있다면(혹은 있다 해도?) 순수하게 본연의 성과 섞어서 부를 수 없습니다. 그러므로 내가 정에 사단과 칠정의 구분이 있다고 여기는 것은, 성에 '본연지성'과 '기질지성'의 다름이 있는 것과 같습니다. 성에 대하여는 리와 기로 나누어 말할 수 있는데, 유독 정에 대하여는 리와 기로 나누어 말할 수 없는 것입니까?

앞서 설명한 것처럼, 성은 리가 기질에 내재되어 그 사물의 본성으로 정립된 것을 말한다. 비유하자면 물속에 잠긴 다이아몬드와 같다. 물이 맑으면 다이아몬드 본래의 모양과 빛깔이 물 밖으로 나타난다. 그러나 탁한 물에 잠기면 흐리게 보이거나 거의 보이지 않을 수도 있다. 물에 가려지기 때문이다. 그러나 다이아몬드 자체가 변한 것은 아니다. 리는 본래 순수한 절대선이다. 그러나 기질에 내재된 리는 기의 청탁淸濁에 따라 그 선함이 드러나기도 하고 일정 부분 가려지기도 한다. 이 리를 '기질지성'이라고 한다. 그러나 기질에 내재되어 있다고 해도 리 자체의 순수선純粹善은 손상되지 않는다. 이 리를 본연지성이라고 한다. 이렇게 본다면 기질지성과 본연지성은 동일한 성이다. 가리켜 말한 바가 기질을 겸하는 데 있으면 기질지성이 되어, 기질의 맑고 흐린 정도에 따라 선이 드러나는 정도가 다르게 된다. 그리고 기질에 내재되어 있는 리 그 자체를 가리키면 본연지성이 되어 순수하게 선한 본성이 된다. 이와 동일한 논리가 정에 적용된 것이 '사단=리, 칠정=리+기' 라는 이론이다.

> 측은지심·수오지심·사양지심·시비지심은 각각 인·의·예·지라는 성에서 발동합니다. 희로애구애오욕은 밖의 사물이 형기에 닿으면 마음속에서 움직여 대상을 따라 밖으로 나옵니다. 사단의 발동을 맹자는 '마음'이라고 말했는데, 마음은 본래 리와 기가 합해져 있는 것입니다. 그러나 '가리켜 말한 바'가 리를 주로 하는 것은 무슨 이유입니까? 인의예지의 성은 순수하게 마음속에 있고 사단은 그 단서입니다. 칠정의 발동은 주자가 "본래 당연의 법칙을 갖고 있다"라고 했으니 리가 없는 것은 아닙니다. 그러나 '가리켜 말한 바'가 기에 있는 것은 무슨 이유입니까? 밖의 사물이 다가오면 쉽게 감응해 먼저 움직이는 것은 형기인데 칠정은 그 묘맥苗脈입니다. 사단은 모두 선하기 때문에 맹자가 "사단의 마음이 없으면 인간이 아니다" "그 정이 선을 이룰 수 있다"라고 말했습니다. 칠정은 선과 악이 아직 결정되지 않았기 때문에 한 가지 정감이라도 있을 적에 잘 살피지 않으면 마음이 올바르게 될 수 없으며, 반드시 발동해 절도에 맞은 뒤에 '화' 하게 됩니다. 그러므로 두 가지는 비록 리와 기를 벗어나지 않지만, 그 말미암아 오는 바를 근거로 하고 각각 주

로 하는 바와 소중하게 여기는 바를 가리켜 말한다면 '사단은 리가 되고, 칠정은 기가 된다'고 말할 수 있습니다.

인간의 본성을 선하다고 보는 것이 유교의 일반론이다. 그 선의 내용을 네 가지로 나누면 인의예지가 된다. 이것을 '사덕四德'이라고 한다. 사단은 사덕에서부터 발동해 나온 것이다. 반면에 칠정은 발동의 요인이 사물에 있다. 사단과 칠정은 다 같이 마음의 작용인 정이며, 마음은 본래 리와 기가 합쳐진 것이기 때문에, 사단과 칠정 역시 리와 기의 합이다. 그러나 사단은 사덕이 그대로 현상계에 나타나, 순수하게 선하기 때문에 '리'라고 말한다. 칠정은 칠정을 구성하는 요소 가운데 형기形氣가 외물外物에 의해 촉발된 것이다. 기는 본래 선악이 결정되지 않은 것이므로, 칠정 역시 선악 미정이다. 『중용』 1장에는 "희로애락이 발동해 절도에 맞는 것을 화和라고 한다"고 나와 있다. 즉, 감정이 객관적인 상황에 알맞게 발동하는 것이 조화라는 것이다. 분노를 예로 들어보자. "화를 낸다는 것은 쉬운 일이다. 그러나 화를 내야 할 때, 화를 내야 할 장소에서, 화를 내야 할 대상에게, 가장 적합한 정도로 화를 낸다는 것은 매우 어려운 일이다"라는 글을 읽은 적이 있다. 화를 낸다는 것 자체는 선악 미정이다. 위의 글에서 말한 것처럼 객관적인 조건들을 충족시킨다면 선이고, 그렇지 못하면 악이다. 다시 말해서 기뻐해야 할 때 기뻐하고 슬퍼해야 할 때 슬퍼하는 것이 선이고, 기뻐해야 할 때 슬퍼하고 슬퍼해야 할 때 기뻐하는 것은 악이다. 그러므로 칠정을 기라고 말한 것이다.

> 보내온 편지를 받고 곧바로 내 생각을 전하려고 했으나 나의 견해가 반드시 옳다는 확신이 없어 오랫동안 내 생각을 드러내지 않았습니다. 그런데 최근 『주자어류』에서 맹자의 사단에 대해 논한 부분의 마지막 절에 바로 이 문제에 관해 논한 것이 있음을 알았습니다. 그곳에서 주자는 "사단은 리가 발현된 것이요 칠정은 기가 발현된 것이다"(『주자어류』 권53)라고 말했습니다. 이 학설을 얻은 뒤에 내 견해가 크게 틀리지 않았다는 것을 믿게 되었습니다. 그리고 당초 정지운의 학설도 잘못이 없기 때문에 고치지 않아도 되었던 것 같습니다.

퇴계는 사단칠정에 대한 자신의 학설을 정립한 뒤에 주자가 '사단=리의 발현, 칠정=기의 발현'이라고 말한 기록을 보고서 확신을 갖게 되었다. 그러나 주자의 이 말은 그가 직접 쓴 것이 아니라 제자가 이야기를 듣고 기록한 것이기에, 퇴계의 학설을 비판하는 율곡 계통 학자들로부터 '기록의 오류'라는 지적을 받아왔다.

퇴계의 답신에 대해 고봉은 "칠정에도 리가 있다"면서 "사단과 칠정을 분리해 대립시켜서 말하는 것은 하나의 정을 두 가지로 오인하도록 만들 가능성이 높다"라며 퇴계를 비판한다. 이 편지의 비판에 대해 퇴계가 다시 답신을 보낸다(「퇴계가 고봉에게 답함 : 사단칠정을 논한 두 번째 편지」).

> 사단과 칠정을 대응시켜 각각 나누어 말한다면 칠정과 기와의 관계는 사단과 리와의 관계와 같습니다. 그것이 발현하는 데 각각 혈맥이 있고, 그 이름에는 각각 가리킨 바가 있습니다. 그러므로 그 주로 하는 바에 따라서 리와 기로 분류해 소속시킬 수 있습니다. 나도 칠정이 리와 무관하게 바깥 사물과 우연히 만나 감응해서 발동하는 것이라고 말하지는 않았습니다. 그리고 사단이 사물에 감응해서 움직이는 것은 칠정과 다르지 않습니다. 다만 사단은 리가 발현함에 기가 그것을 따르고, 칠정은 기가 발동함에 리가 그것을 타는 것입니다.
>
> 사단도 역시 기라는 것은 여러 번 말했습니다. 그리고 사단이 비록 기를 타고 있다고 말했지만 맹자가 가리킨 바는 기를 타고 있다는 데 있지 않고 순수하게 리가 발현되었다는 데 있습니다. "리가 발현함에 기가 그것을 따른다"는 것은 리를 주로 하여 말할 수 있는 것일 뿐 리가 기를 벗어난다고 말하는 것은 아니니, 사단이 이것입니다. "기가 발동함에 리가 그것을 탄다"는 것은

기를 주로 하여 말할 수 있는 것일 뿐 기가 리를 벗어난다고 말하는 것은 아니니, 칠정이 이것입니다.

퇴계와 고봉 사이에 벌어졌던 '사단칠정논변'의 쟁점은 무엇인가? 위에서 검토한 것처럼 퇴계는 본래 "사단은 리가 발한 것이고 칠정은 기가 발한 것"이라고 주장하다가, 고봉의 비판을 받고서 "사단은 리가 발함에 기가 그것을 따르고, 칠정은 기가 발함에 리가 그것을 타는 것"이라고 하여 '리발理發'에 '기가 따른 것'을 덧붙였다. 이 명제에 대한 퇴계의 설명을 들어보자.

> 무릇 리가 발함에 기가 그것을 따르는 것은 리를 주로 하여 말할 수 있는 것일 따름이요, 리가 기 바깥에 있음을 이른 것이 아니니 사단이 이것이다. 기가 발함에 리가 그것을 타는 것은 기를 주로 하여 말할 수 있는 것일 따름이요, 리 바깥에 기가 있음을 이르는 것이 아니다.

위의 "리를 주로 하여 말할 수 있는 것"이라는 구절은 기와의 공존 상태를 전제로 하는 말이다. 현실적으로 리와 기는 어떠한 경우에도 분리될 수 없다. 따라서 리가 독자적으로 발하는 것은 아니다.[2] 리가 먼저 발하고 발한 리를 기가 따르는 것이라면, 리와 기는 분리되어 선후가 있게 된다.

적어도 고봉과의 논변 당시에 퇴계에게 리 자체가 능동적으로 발한다는 의식이 명료했던 것 같지는 않다. 그 당시 퇴계에게 중요한 것은 리가 아니라 사단이었다. 사단의 순수선성純粹善性의 이론적 근거를 확립하는 일이 퇴계의 과제였다. 리발설은 리의 속성을 설명하기 위한 것이 아니라 사단의 형이상학적 근거를 확립하기 위해 제시된 명제였다. 사단과 칠정의 질적인 구분을 짓기 위해 리기理氣로 나누어 말한 것이며, 그 근본을 리와 기로 각각 배속시킨 것이다. 즉, 사단의 순수선의 논거를 절대선인 '리=성'에 정초시키기 위해 사단을 리발로 규정한 것이다. 퇴계는 다음과 같이 말했다.

> 만약 칠정을 사단에 대응하여 각각 나누어서 말한다면 칠정과 기와의 관계는 사단과 리와의 관계와 같다.

사단과 칠정을 리와 기에 배속시킨 것은 양자의 가치상 성격이 동일하기 때문이다. 다시 말해서 사단의 순수한 절대선은 곧 리의 절대가치이며, 칠정의 선악 가능성은 기의 상대적 가치이다. 주자가 성의 절대선성을 형이상학적으로 근거 지워서 도덕적 가치관을 정립시키기 위해 "성이 곧 리(性卽理)"라고 했듯이, 퇴계는 사단의 절대선성을 근거 지우고 그 실현의 당위성을 강조하기 위해 "사단은 리의 발현"이라고 주장한 것이다.

현실적으로 리와 기는 어떠한 상황에서도 분리될 수 없음을 퇴계는 다음과 같이 언명한다.

> 대개 사람의 몸은 리와 기가 합해져서 태어나는 것이므로 두 가지가 서로 발용發用하며 그 발發은 또한 서로 기다린다. 서로 발하기 때문에 각각 주主로 하는 바가 있음을 알 수 있고, 서로 기다리기 때문에 그 가운데에 서로 있음을 알 수 있다. 그 가운데에 함께 있으므로 혼동해 말하는 것이 있고, 서로 기다리기 때문에 구별해 말할 수 있는 것이다.

인간은 리와 기가 합해져서 태어나는 것이므로 두 가지는 공발공존共發共存한다는 것이다. 리발이라고 한 것은 리기가 공존하는 가운데 사단을 리의 영역에 위치시킴으로써 리의 순수선이 형이상의 성의 차원에서뿐만 아니라 현실에서 정으로 발현됨을 논증하기 위해서였다. 그리하여 그 선의 순수성을 기氣적인 어느 것과도 혼동하지 않고 구별하기 위해 논리적인 무리를 감수하면서까지 리발설을 굽히지 않았던 것이다. 이것은 리기를 분리시켜 보는 관점, 곧 이간離看의 입장을 기저로 한 것이다.

리발설은 인간에게 선험적으로 내재하는 이치(性理 즉 天理)가 현실 상황에 따라서 자발적으로 발현된다는 것이다. 그리고 그것은 곧 리의 절대선이 성이라는 형이상학적 차원에서뿐만이 아니라, 사단이라는 현상적인 정의 차원에서 구체적으로 실현된다는, 강한 도덕적 의지를 언표하는 것이다.

유학은 '평천하平天下'라는 도덕적 가치의 실현을 궁극적 목표로 한다. 그 선험적 근거를 제시한 것이 맹자의 '성선설'이며, 성선의 형이상학적 근거를 확립시킨 것이 정주程朱의 '성즉리'이다. 성의 작용인 정을 리의 발현으로 해석해 가치의 실현을 강조하는 퇴계의 리발설은 유학사상의 체계 안에서 매우 중요한 의미를 갖는다고 할 것이다.

그러나 리발설이 갖는 윤리적 의미가 아무리 중요하다고 할지라도 형이상자인 리를 발로 서술하는 데서 생기는 논리적인 문제점이 모두 해소되는 것은 아니다. 이 문제는 리동설理動設에서 본격적으로 다루어진다.

3장

자연에 대한 이해
─태극론

태극의 의미

　사단칠정론에서 정립된, '사단은 리가 발현함에 기가 그것을 따르는 것'이라는 리기론은 우주론에도 적용된다. 유교 문헌 가운데 우주의 생성에 대한 논의는 『주역』「계사전」에 나오는 태극론과 음양론에서부터 시작한다. 『주역』은 '역易'이라는 낱말의 뜻 그대로 '모든 것은 변화한다'라는 인식을 전제로 한다. 그런데 전통적인 견해에 의하면 '역'이라는 글자는 역설적으로 '불역不易'의 의미를 포함한다. '불역'에 대해서는 다양한 해석이 가능하지만, 일단 변역變易하는 현상계에는 불변성이 내재되어 있다는 뜻으로 이해할 수 있다. 이와 같이 변화에 대한 자각의 극치에서부터 도출된 불변자에 대한 의식이 드러난 명제가 『주역』「계사전」 상편 11장의 구절이다. 이 구절은 잘 알다시피 우리가 이 책에서 탐구하고자 하는 '태극太極'이라는 용어가 처음 나타난 곳이다.

> 이런 까닭으로 역易에는 태극이 있으니 이것이 양의兩儀를 낳고 양의는 사상四象을 낳고 사상은 팔괘를 낳으니, 팔괘가 길과 흉를 정하고 길흉이 대업을 낳는다.

역이란, 한 번 닫히고 한 번 열리며 더위가 가면 추위가 오는 따위의 변화가 끝없이 계속되는 것을 뜻한다. 이러한 변화에는 태극이 내재해 있다는 것이 이 글의 의미이다. 그러면 태극은 무엇을 뜻하는 낱말일까? '太'는 '大' '泰'와 상통하는 글자로서 '너무나 커서 형용할 수 없는 것'을 지칭하며, '통하다' '처음' 등의 뜻이 내포되어 있다. '극極'에 대해 주자는 "성인의 뜻은 지극해서 이름 붙일 수 없는 것을 태극이라 말하는 것이다. 이것은 천하의 지극함을 들어서 더 이상 보탤 것이 없음을 말한 것일 뿐이라는 것과 같다"고 했다.

『설문해자說文解字』에 의하면 '극極'은 본래 '용마루 동棟' '들보 양梁'과 상통하는 글자이다. 용마루는 집에서 가장 높은 곳이며 정중앙에 있다. 또한 서까래를 놓는 도리로서 양쪽의 서까래를 지탱하는 역할을 한다. 그러므로 극은 본래 '지극'과 '중'이라는 두 가지의 뜻을 함께 갖고 있다고 볼 수 있다. 이상과 같은 여러 견해를 검토해 볼 때 태극은 '세계의 중심이 되는 궁극적 실체'라고 규정할 수 있다.

태극을 우주의 근원적 존재자로서 정립하고 우주의 성립 과정을 체계적으로 진술한 이는 송대의 유학자인 주렴계周濂溪이다.

> 무극無極이면서 태극太極이니 태극이 움직여서 양을 낳고, 움직임이 극한에 이르면 정지하고, 정지하면 음을 낳는다. 정지함이 극한에 이르면 다시 움직이고, 한 번 움직이고 한 번 정지하여 서로 그 뿌리가 되며, 나뉘어 음이 되고 나뉘어 양이 되니 양의가 이에 이루어진다. 양이 변화하고 음이 합하여 수화목금토를 낳는다. 다섯 가지 기운이 순조로이 펼쳐지고, 사시四時가 이에 행해진다. 오행은 음양과 한 가지라고 할 수 있으며, 음양은 태극과 한 가지라고 할 수 있으며, 태극은 본래 무극이다.

주자는 태극을 '리의 존엄성을 말하는 것'이라 하여 리의 궁극성을 표현하는 용어로 이해하였다. 이러한 태극의 의미는 다음과 같은 주자의 해석에서 잘 드러난다.

> 하늘의 일은 소리도 없고 냄새도 없으나 실로 조화의 중추요 모든 존재의 근원이다. 그러므로 태극이면서 무극이라고 말한 것

이요, 태극 이외에 무극이 있다는 말은 아니다.

무극은 궁극자의 초월성을 표현한 것이며, 태극은 궁극자가 모든 조화와 존재의 실제적 근거가 됨을 언표하는 용어로, 태극은 감각적인 현상계를 초월함과 동시에 세계의 실질적인 근거가 된다. 이 점은 "무극을 말하지 않으면 태극은 한갓 일반적인 사물과 동일하게 됨으로써 모든 변화의 근본이 될 수 없고, 태극을 말하지 않으면 무극이 공적空寂한 데에 빠져서 모든 변화의 근본이 될 수 없다"라는 구절에서도 확인된다.

태극론

『태극도설』 가운데 조선조 학자들이 문제 삼은 것은 "태극이 움직여 음과 양을 낳는다"라는 구절이다. 주자학에 의하면, 태극은 리이고 음양은 기이기 때문에 이 문장에서 태극과 음양을 리와 기로 환치시킬 때 '리가 움직여 기를 낳는다(理動而生氣)'라는 명제가 성립한다. 문제는 여기에서 시작된다. 퇴계와 제자의 문답을 살펴보자.

> 살펴보건대 주자가 일찍이 "리에 동정이 있으므로 기에 동정이 있다. 만약 리에 동정이 없다면 기가 어찌 스스로 동정하겠는가"라고 말했다. 대개 리가 동하면 기가 좇아서 생기며, 기가 동하면 리가 좇아서 나타난다. 주렴계가 "태극이 동하여 양을 낳

는다"고 한 것은 리가 동하여 기를 낳음을 말한 것이요, 『주역』에서 "복復에서 천지의 마음을 본다"고 한 것은 기가 동하여 리가 나타나기 때문에 볼 수 있음을 말한 것이다. 두 가지는 모두 조화에 속하니, 둘이 되는 것이 아니다.

주자가 "리에 동정이 있기 때문에 기에 동정이 있다. 만약 리에 동정이 없다면 기가 어찌 스스로 동정하겠는가"라고 말한 구절은 정자상鄭子上의 다음 주장에 대한 답변이다.

> 태극은 리입니다. 리가 어떻게 동정하겠습니까? 형체가 있으면 동정이 있습니다. 태극은 형체가 없으니 아마도 동정으로써 말할 수 없을 것입니다. 남헌이 "태극에는 동정이 없을 수 없다"라고 말했는데, 그 뜻에 아직 통달하지 못한 것입니다.

퇴계는 주자의 이 말을 근거로 해서 '리가 움직이면 기가 따라서 생겨나고, 기가 움직이면 리가 따라서 나타난다(理動則氣隨而生 氣動則理隨而顯)'라는 명제를 만들어 낸다. 이것은 사단과 칠정을 '리발이기수지理發而氣隨之' '기발이리승지氣發而理乘之'로 설명한 논법과 일맥상통한다. 따라서 여기에서 문제 되는 것은 역시 무작위한 리를 작위적 개념인 '동'으로 서술하는 데서 생기는 모순이다.

퇴계의 제자 이공호는 다음과 같이 질문한다.

> 태극이 동하여 양을 낳고 정하여 음을 낳습니다. 주자가 "리는 정의와 조작이 없다"고 말했는데, 이미 정의와 조작이 없다면 음과 양을 낳을 수 없을 것이며, 만약 낳을 수 있다면 당초에는 본래 기가 없는데 태극이 음양을 낳은 뒤에 비로소 기가 있게 되는 것입니까?

이공호는 태극이 동정해 음양을 낳는다는 이론에서, 리에는 정의와 조작이 없다는 주자의 주장을 받아들일 경우 다음과 같은 두 가지 문제가 생기는 것으로 보았다. 첫째는 태극의 창조성을 부정하게 되며, 둘째는 태극의 창조성을 인정할 경우 기는 본래 없는 상태에서부터 생성된 것으로 되기 때문에 '동정과 음양에는 단시端始가 없다'는 원칙에 어긋난다는 것이다. 이 질문에 대해 퇴계는 이렇게 답한다.

> 주자가 일찍이 "리에 동정이 있으므로 기에 동정이 있다. 만약 리에 동정이 없다면 기가 어찌 스스로 동정하겠는가"라고 말하였다. 이것을 알면 이와 같은 의심은 없어질 것이다. 대체로 보아서 정의가 없다고 운운한 것은 본연의 체이며, 능히 발하고 생할 수 있는 것은 지묘한 용이다.

리의 무작위한 측면은 리의 체體이며 능동적 측면은 리의 용用이라는 것이다. '체'는 사물의 원리가 되는 본체이며, '용'은 구체적인 작용이다. 예컨대 귀가 소리를 들을 수 있는 원리가 체이고, 실제로 소리를 듣는 작용이 용으로, 이는 동일한 사물의 두 가지 측면이다.

'리의 무작위한 측면=체, 리의 작위=용'이라는 도식이 리의 능동성 문제에 내포된 논리적 모순에 대한 퇴계의 해답이다. 모순은 동일한 기체基體에 대해 동일한 관점에서 동시에 모순 개념을 적용시킬 때 나타난다. 즉, 한 가지 사실에 대해 P와 −P가 동시에 성립된다고 생각할 때 모순이 일어나는 것이다. 그러므로 동일한 기체, 동일한 관점, 동일한 시간이라고 하는 세 가지 조건 가운데 어느 하나만 피한다면 모순율을 범하지 않을 수 있다. 예를 들어 설명해 보자.

"나는 남자이면서 여자다"라는 말은 모순으로 보인다. 그러나 "나는 생물학적으로는 남자이지만 마음은 여자다"라고 말하면 모순이 아니다. 관점이 다르기 때문이다. 또 "나는 어제까지 남자였지만 성전환 수술을 받아 오늘부터 여자가 되었다"고 말하면 모순율을 피할 수 있다. 시간이 다르기 때문이다. 리동理動이 문제되는 것은 '무정의 무조작無情意無造作'한 동시에 '능발 능생能發能生'한다고 하여 모순 관계에 있는 두 개념을 동일한 기체인 리에 동시에 적용시켰기 때문이다. 퇴계가 리를 체와 용의 두 가지 차원으로 구분한 이상, 위에서 기술한 것과 같은 모순은 발생하지 않는다. '무정의 무조작'이라는 기능의 유형은 본체의 차원에 속하며 '능발 능생'이라는 기능의 유형은 작용의 차원에 속하기 때문에, 두 기능은 그 유형을 달리하므로 모순은 자연히 해소되는 것이다.

퇴계의 전 사상체계의 근저를 이루는 것은 리의 능동성에 관한 신념이며, 이것은 리를 존엄한 절대자로 인식하는 가치의식을 그 터로 하고 있다. 이러한 사상은 그가 끊임없는 수양과 학문 연구를 통해 체인體認하고 체득한 것으로, 이론적인 탐구의 결과와는 구별되어야 하는 것이다. 퇴계는 자신의 신념이 리의 능동성을 긍정하는 측면이 없지는 않지만, 전 철학적 체계에서 볼 때 이를 부정하는 측면이 보다 강한 주자의 리기론과 부딪쳤을 경우, 체용론體用論으로써 양설의 모순을 극복해 합리화했던 것이다.

퇴계가 주장하고자 하는 것은 리를 한갓 형이상학적 원리나 가치 혹은 논리적인 개념으로서가 아니라, 현실 세계에서 생생하게 행동하는 주체적 실체로서 정립시키고자 한 것이다. 리발의 리는 가치 창조의 실체이며, 리동의 리는 우주 창조의 원두처源頭處이다. 『중용』의 '연비어약鳶飛魚躍'에 대한 질문을 받았을 때, 퇴계는 "소리개가 날고 물고기가 뛰는 자연현상 자체는 기이지만 그 가운데에서 리의 본체가 정로呈露되고 '묘용현행妙用顯行'의 묘가 활발함을 보아야 할 따름이다. 그러므로 『중용장구』에서 다만 '이 리의 작용 아님이 없다'라고 하였으니 어찌 기의 관여 여부를 질문할 수 있겠는가"라며 이 점을 분명히 했다.[3] 이것은 본체의 본질을 한갓 부동의 제일 원리로서가 아니라 끊임없이 생생하게 현상계에 자신을 현현시키는 역동성(activity)으로 규정하는, 유학의 전통적인 형이상학적 의식과 맥을 같이한다고 할 수 있다.

특히 사단칠정론에서 사단을 리발로 해석한 것은, 리의 절대적 순수선이 형이상학적인 리와 성의 차원에서부터 인간의 구체적인 정서와 행위를 통해 현실 속에서 실현되어야 한다는 강한 가치 의식의 언표이다. 그뿐만 아니라 철학의 주제를 성에서부터 정으로 이행시켰다는 사실은, 유학사상이 인간의 순수한 정서를 발단으로 한다고 할 때 해석에 따라 매우 중요한 문제를 제기하고 있는 것이다.

리는 능발·능동·능생하는 활물活物이라는 것이 퇴계의 흔들림 없는 사고의 바탕이다. 이러한 신념이 '리무위 기유위'라는 주자학의 이론 체계와 부딪쳤을 때, 체용론을 바탕으로 리의 능동성을 이론화시켰던 것이다. 이와 같은 퇴계의 논리화 작업은 비록 근거가 되는 체용론에서 문제점이 있다고 할지라도 그 의의는 매우 크다고 할 것이다.

4장

현실의식과 경사상

현실의식

퇴계는 도덕적 이상론에 치우쳐 현실에 대한 문제의식이 결여된 학자로 평가되곤 한다. 즉, 유교의 근본 문제인 수기치인修己治人 가운데 수기는 강조하고 치인의 문제는 도외시했다는 것이다. 계속해서 벼슬을 사양하고 은거해 학문에 몰두한 퇴계의 생애를 살펴본다거나 「도산십이곡陶山十二曲」에서 귀거래가 늦음을 한탄하고 다시는 관직에 나가지 않겠다고 다짐한 구절들을 본다면, 이 같은 평가도 가능할 것이다. 그러나 퇴계가 현실의식을 결여하고 수기에만 치우쳐 있다는 평가는 일면적 고찰에 불과하다.

앞서 지적했듯이 퇴계는 사화기의 인물이다. 사화의 동기는 사초史草 문제를 비롯해 몇 가지 요인들을 지적할 수 있으나, 그 이면에는 사회경제적 이해관계에 따르는 정치적 입장의 차이가 보다 근본적인 문제로 자리 잡고 있다.

퇴계가 살았던 16세기의 조선 사회는 중요한 사회경제적 변동이 일어나고 있었다. 연작상경법連作常耕法(매년 벼농사를 지을 수 있는 농법)이라는 농업 기술의 성과에 의해 농업 경제력이 크게 향상됨에 따라, 농촌 사회를 배경으로 하는 지방 장시場市가 곳곳에서 등장하기 시작했다. 농촌 장시의 발달은 소농민들도 시장에 내다 팔 잉여 생산물을 가질 수 있게 된 것을 뜻한다. 또한 지방 장시의 발달은 전국적인 유통망의 성립이라는 측면에서도 새로운 의미를 갖는다. 이러한 변화는 상업과 수공업이 발전할 수 있는 안전한 토대가 되었을 뿐 아니라 농업에도 새로운 자극을 주었다. 더구나 농업과 상공업의 새로운 변화로 부를 축적한 사람들은 외국으로부터 비단과 같은 사치품을 수입했고, 그 결과 국제무역이 번창하는 계기를 가져오기도 했다. 국제무역에 종사하는 사람들은 중국으로부터 수입한 비단이나 그 원사를 왜관에서 일본 상인들에게 팔아 차익을 남기기도 했다. 중국 상인과의 거래 확대는 그들이 바라는 결제가 은이었기에, 은광의 개발이 활성화되는 계기가 되기도 했다. 요컨대 16세기는 농업뿐만 아니라 상업, 수공업 등에 새로운 부가 창출되는 시기였다.

조선조 초기부터 과전법科田法[4]으로 기반을 다진 관료 집

단들은 각기 권력으로 새로운 재원을 차지하고자 했다. 따라서 관료제의 운영은 변칙이 심해져 권력이 척신에게 집중되는 형세로 발전했다. 이 시기의 권세가들은 이익을 보려고 곡식을 몰아서 사들이는 무곡貿穀 활동을 하거나 은광 개발의 재원을 얻고자 서해안에 간척 사업을 벌여 대규모로 농장을 확보하였을 뿐만 아니라, 외국과의 무역에 관계하기도 했다. 또한 당시에 면화 재배가 빠르게 보급되어 면포가 포화布貨의 중심을 이루어감에 따라, 대부분의 지방관들은 농민들에게 군역을 임의로 면해주면서 그 대가로 면포를 거두어 치부의 수단으로 삼았다. 부패한 훈척 세력들과 정통 성리학적 가치관에 투철한 신진 사림파 관료들과의 갈등이 바로 사화로 표출된 것이다. 비유하자면, 사화기는 '악화惡貨가 양화良貨를 구축하는 시대'라고 할 수 있는데, 퇴계는 바로 이 사화기를 살았던 인물이다.

성리학자들은 사화라는 현실 세계의 모순을 해결하는 방안을 제도에서보다 인간의 내면에서 찾았다. 신진 사류로서 개혁 정치의 선봉에 섰던 조광조에 대한 퇴계의 다음과 같은 평가에서 우리는 당시 사림의 문제의식을 읽을 수 있다.

> 정암은 천품이 신실하고 아름다우나 학력이 충분하지 못해 그 베풀어 한 바가 지나침을 벗어나지 못했다. 그러므로 마침내 일

을 그르치게 된 것이다. 만약 학력이 충분하고 덕이 성취된 뒤에 세상일을 담당했더라면 그 성취한 바를 쉽게 헤아릴 수 없었을 것이다. 요순의 군주와 백성은 비록 군자의 뜻일지라도 어찌 때와 능력을 헤아리지 않고 할 수 있겠는가.

— 『퇴계전서』 권4 「언행록」

이 글은 조광조의 개혁 정치가 실패한 근본 요인이 바로 '학문적 역량'이 부족한 데 있음을 지적한 것이다. 사림파들이 현실의 모순을 극복하기 위해 학문에 힘을 쏟게 되는 동기는 퇴계의 견해와 무관하지 않다. 다시 말해서 퇴계가 은거해 학문에 몰두하는 것(修己)은 바로 치인治人을 위한 것으로, 현실 도피와는 성격을 달리한다.

정치, 경제 등 사회적인 문제의 최종적 원인은 인간의 심성에 있다고 보는 것이 유교의 근본 입장이다. 성리학자들이 정치적으로 가장 수난을 받은 시기인 사화기에 사단칠정, 인심도심 등 심성론이 심도 있게 연구된 것은 바로 이와 같은 입장에 따른 것이다. 퇴계가 만년에 선조에게 『성학십도』를 올린 것은 이러한 문제의식의 결정체이다. 앞에서 잠깐 언급했던 「진성학십도차병도進聖學十圖箚並圖」의 한 구절을 검토해 보자.

백성의 지도자가 된 분의 한 마음은 온갖 징조가 연유하는 곳이고, 모든 책임이 모이는 곳입니다. 그리고 사람들의 온갖 욕심과 간사함은 서로를 공격하니 조금이라도 태만하고 소홀해 방종이 따르게 된다면, 산이 무너지고 바다가 요동치는(해일이 일어나는) 것 같아서 누구도 막을 수 없게 됩니다. 옛날의 성군과 현명한 왕들은 이러한 것들을 근심했습니다. 그래서 조심하고 두려워하며 삼가는 생활을 날마다 해도 오히려 부족하다고 여겼습니다. (그리하여) 사부師傅의 관직을 설치한 것이고, (왕에게) 간언하는 직책을 만들어서 앞에는 의疑를, 뒤에는 승丞을, 왼편에는 보輔를, 오른편에는 필弼을 두었으며, 수레를 탈 때는 여분旅賁의 경계함이 있었고, 조회朝會를 할 때는 관사官師의 준칙이 있었던 것이며, 책상에 기대고 있을 때는 훈송訓誦의 잠언이 있었으며, 일에 당면해서는 고사瞽史의 인도가 있었고, 편안하게 거처할 때는 공사工師의 송誦이 있었으며, 소반과 밥그릇, 책상, 지팡이, 칼, 들창문에 이르기까지 무릇 눈에 보이는 곳과 몸에 닿는 곳은 어디든지 훈계를 새겨놓지 않은 곳이 없었습니다. 이와 같이 마음을 잘 보존하고 몸을 잘 간수하는 것이 지극했습니다. 그래서 덕이 날로 새로워지고 업적이 날로 넓어져서 아주 작은 허물도 없게 되고, 오히려 그 반대로 커다란 이름을 세상에 떨치게 된 것입니다. 그런데 후세의 지도자(人主, 君主)가 천명을 받고 책임을 맡게 되면 그 책임이 지극히 크고 중한데도, 몸과 마음을 스스로 다스리는 일은 위에서 말한 것과 같이 하나도 엄격하지 않습니다. 왕공王公과 백성들의 추대에 마음이 들떠 스스로 성인인 체하고 오만 방자하여 마침내 백성들이 혼란을 일으켜 멸망에 이르게 되면, 이 어찌 괴이한 일이라 하겠습니까. 그러므로 이러한 때에 신하된 자로서 인군을 인도해 도리에 합당하도록 진실로 그 마음을 쓰지 않는 이가 없을 것입니다.

여기에서 퇴계는 군주의 마음을 "온갖 징조가 연유하는 곳이고, 모든 책임이 모이는 곳"으로 정의한다. 그러므로 "산이 무너지고 바다가 요동치는 것" 같은 현실 세계의 위기는 군주의 한 마음으로 귀결되고 마는 것이다. 다시 말해서 '백성들이 혼란을 일으켜 국가가 멸망에 이르는' 엄청난 결과는 군주의 잘못된 마음가짐에 그 근본 요인이 있다는 것이다. 이와 같은 사실로 미루어볼 때, 군주의 마음을 바로잡는 것은 한갓 개인의 도덕적 인격을 도야하기 위한 것이 아니라 국가를 올바르게 통치하고자 하는 데 그 목적이 있다고 할 것이다. 여기서 우리는 퇴계가 송대 성리학의 핵심들을 취합해 『성학십도』를 찬술한 이유를 이해할 수 있을 것이다. 『성학십도』는 「태극도」와 같은 우주론, 「심통성정도」 「심학도」와 같은 심성론, 「경재잠도」 「숙흥야매잠도」와 같은 수양론 등

고도의 철학적 문헌들로 구성되어 있다. 퇴계는 바로 이들 문헌에 나타나 있는 내용으로써 선조를 수양시키는 '수기'야말로 사화기라는 현실 세계의 모순을 극복할 수 있는 요체라고 간파했던 것이다. 퇴계는 『성학십도』로 선조의 마음을 바로잡는다는 '치인'을 한 것이고, 이를 매개로 사회를 바로잡는 토대를 구축했던 것이다.

또한 퇴계는 『성학십도』와 함께 『무진육조소』를 선조에게 올려 정치의 구체적인 방법을 제시했다. 그것은 왕통王統을 온전히 계승하도록 함, 참소를 막고 성학을 돈독하게 함, 스스로 반성하고 수양하여 하늘의 사랑을 이어받아야 함 등 여섯 조목이다.

수양론과 경사상

앞에서 말한 것처럼 마음을 올바르게 다스리는 일이야말로 현실의 모순을 극복할 수 있는 근본 토대가 된다. 퇴계와 고봉의 '사단칠정논변'도 따지고 보면 이 문제를 해결하기 위해 마음의 본질과 그 작용을 해명하는 논변이라고 말할 수 있다. 퇴계는 논변을 통해 축적된 이론을 바탕으로 마음을 다스리는 방법에 관해 다음과 같이 말한다.

> 리와 기를 겸하고 성과 정을 통제하는 것은 마음입니다. 성이 발현하여 정이 되는 즈음이 바로 한 마음의 기미가 여러 측면으로 분화되는 중요한 경계인 것이며, 바로 여기에서 선과 악이 갈라지는 것입니다. 배우는 사람은 진실로 경敬을 갖도록 전념

해 이치와 욕망을 확실하게 분별하고 더욱 조심해, 성이 발현하지 않았을 때 존양存養하는 공부를 충실히 할 것이며, 성이 이미 발현되었을 때는 반성하고 살펴보는 습성에 익숙해져야 할 것입니다. 이러한 노력을 참되게 쌓아 올리고 오래도록 계속 노력하기를 거듭하게 되면, 마음을 하나로 모으고 순수하게 하여 중용의 도리를 잡는 군주의 학문과, 본체本體를 잘 보존하고 현실에 충분히 응용할 수 있는 심법心法이 모두 여기에서 얻어지게 될 것입니다.

—『성학십도』「심통성정도」

이 글에서 퇴계는 성이 발현하여 정이 되는 순간을 선악의 분기점으로 파악한다. 그리고 그 순간에 '경'으로써 이치와 욕망을 분별하여 마음을 보존하고 본성을 기르며 성찰하는 것이, 바로 마음을 바로잡는 방법 곧 심법心法의 요체임을 주장한 것이다. 그러므로 퇴계는 「경재잠도」에서 경을 '성학의 처음과 끝'이라고 단언한 것이다.

『논어』「헌문憲問」에 "경으로써 몸을 닦는다"라고 한 것처럼, 경은 유가 수양론의 요체이다. 이후 송대 성리학자들에 의해 그 이론적 해명이 이루어진다. 정이천이 「유서遺書」에서 "함양하는 것은 반드시 경으로써 하고, 학문에 나아가는 것은 치지致知에 있다"고 한 구절은 성리학 수양론의 전형으로 받아들여졌다. 주자의 '거경궁리居敬窮理'는 바로 정자程子의 이 말을 다르게 표현한 것이다. 퇴계는 이들의 수양론을 받아들이면서 경을 한층 강조해 '성학의 처음과 끝'으로 정립했다. 물론 퇴계가 사물의 이치를 연구하는 '궁리'의 문제를 소홀히 한 것은 결코 아니다. 그러나 수양론의 입장에서 볼 때, 궁리보다 거경이 더 강조되고 있는 것이다. 퇴계는 『성학십도』의 「대학도」에서 『대학혹문大學或問』의 아래와 같은 문장을 인용해 경의 내용을 설명한다.

> 주자가 말하기를 "정자는 마음을 오로지하여 일체의 잡념도 없는 경지가 경이요, 가지런히 정돈되고 엄숙한 경지가 경인 것이다"라고 말한 바 있다. 그리고 정자의 제자 사씨謝氏는 "항상 분명하게 깨닫는 법"으로 경을 설명했다. 또 윤씨尹氏는 "그 마음을 수렴해 어떠한 사물도 그 마음속에 용납하지 아니하는 것"이라고 경의 의미를 말했다. 경이라고 하는 것은 한 마음의 주재이며 모든 일의 근본인 것이다.

위의 인용문에 나와 있는 것이 경의 일반적인 내용이다. 그 구체적인 실천 방안은 「경재잠도」에 다음과 같이 언급되어 있다.

옷을 단정하게 입고 모자를 바르게 써야 하며, 대상을 보는 눈을 높이 하고 잠잠한 마음으로 생활하는 것이 마치 상제를 대하듯 조심스럽게 해야 한다. 발걸음은 반드시 무겁게 하고, 손놀림은 공손하게 해야 하며, 길을 걸을 때 조심스럽게 가는 것이 마치 개밋둑을 피해 돌아가듯 해야 한다. 집을 나가서의 행동은 자기 집에 온 손님을 대하듯 하고, 일을 할 때는 제사를 지내듯 매우 조심조심해야 하며 혹시라도 쉽고 사소하게 여겨서는 안 된다.

이상에서 검토한 것처럼 경은 일상생활에서 구체적으로 실천하는 덕목이라고 할 수 있다. 특히 퇴계의 경우는 경의 대상으로 리를 설정하고 있다는 점이 주목된다. 위의 인용문에서도 '경이란 일상생활을 마치 상제를 대하듯이 조심스럽게 하는 것'이라고 기술되어 있는데, 퇴계는 "천명유행처天命流行處와 별도로 주재하는 뜻이 있다고 말할 수는 없다. 이 리는 극히 존엄해서 상대가 없으니 물物에게 명령을 하고 명령을 받지 않는다"[5]라고 말한다. 그는 리를 지극히 존엄한 절대자, 만물을 주재하는 입법자로 규정한다. 그리고 종교적인 신성성神聖性까지 부여해 리를 경외의 대상으로 승화시키고 있다.

5장

퇴계사상의 계승과 발전

퇴계학파

　조선 성리학사에서 퇴계는 하나의 중요한 학문적 정점을 이루었으며, 그의 학문을 통해 조선 성리학의 독자성 및 전통성을 확보해 나갈 수 있었다. 그 전통은 맹목적 고수가 아니라 시대적 상황을 이끌어가며 또 그 상황에 적응하는 것이었다.

　퇴계와 거의 때를 같이해 조선 성리학의 쌍벽을 이루었던 율곡栗谷은 그를 이렇게 평가한다.

　"선생은 세상의 유종儒宗으로서 정암靜庵 뒤로는 서로 비견할 사람이 없다. 그 재주와 기국器局(기량)은 혹 정암에 미칠지 모르겠으나, 의리를 탐구해 정미한 것까지 드러내는 데는 정암이 미치지 못할 것이다."

또한 한말 개화기의 대표적 유학자인 장지연張志淵은 다음과 같이 한국 유학에서 퇴계가 차지하는 위치를 분명히 밝히고 있다.

"퇴계는 정학正學을 천명하고 후생을 개도하였으니, 공맹정주孔孟程朱의 도를 환히 우리 동방에 다시 밝힌 사람은 오직 선생 한 분뿐이다."

이러한 퇴계의 학문은 조선조뿐만 아니라 일본 유학에도 큰 영향을 주었다. 퇴계의 학맥을 잇고 있는 강항姜沆은 임진왜란 때 영광에서 항거한 의병장이었다. 그가 왜군에 사로잡혀 일본에 체류했을 때 그곳의 많은 사상가에게 주자학을 전파시켜 일본 유학을 중흥시켰다. 근세 유학의 개조開祖인 후지와라 세이카(藤原惺窩)가 바로 그의 제자이다. 그 다음 세대 유학자로서 일본 주자학의 제일인자라고 할 수 있는 야마자키 안사이(山崎闇齋)는 퇴계의 학문을 그 출발점으로 삼고 퇴계의 저서를 교과서로 사용했다. 그리고 구마모토 실학파의 시조인 오쓰카 다이아(大塚退野)는 퇴계의 『자성록自省錄』을 읽고 자득해 학문 체계를 수립했다. 퇴계의 영향은 다니 진잔(谷秦山)이나 모토다 나가자네(元田永孚) 같은 근대 유학자에까지 이어지고 있다. 이와 같은 사실은 퇴계가 지닌 학문의 깊이와 인품이 결코 국내 성리학의 영역에서만 평가될 성질의 것이 아님을 알 수 있다.

퇴계의 문하에서 유성룡柳成龍, 김성일金誠一, 정구鄭逑 등 대표적인 문인들에 이어, 정경세鄭經世, 이현일李玄逸, 장현광張顯光, 허목許穆 등이 잇달아 등장함으로써 퇴계학이라는 큰 줄기를 형성하게 되었다. 이들은 주로 영남 지역의 유생들이었기 때문에 기호 지역을 중심으로 하는 율곡학파에 대비해서 퇴계학파 또는 영남학파라고 부른다. 퇴계학파는 율곡학파의 성리설性理說을 비판하고 퇴계의 성리설을 옹호하는 이론을 전개하면서 학파의 특성을 정립했다.

　김성일의 맥을 잇는 이현일은 율곡의 성리설에 대해 조목별로 치밀하게 비판함으로써 리발설理發說을 비롯한 퇴계의 성리설을 체계적으로 변호하고 있다. 이현일은 사단과 칠정, 인심과 도심, 리와 기를 엄밀히 구분하는 방법을 토대로 리의 주재성과 능동성을 부각시켜 퇴계의 기본 입장을 보다 강화하는 경향을 보이고 있다. 또한 퇴계 문인의 성리설에 대해서도 비판적으로 검토함으로써 퇴계의 성리설을 계승하는 학통을 엄격하게 규정했다. 이와는 달리 장현광은 퇴계의 학맥에 구애받지 않고 리기理氣를 도의 경經과 위緯로 파악하는 리경기위설理經氣緯說을 제시했다. 장현광의 성리설은 퇴계나 율곡 어느 쪽에도 속하지 않는 독자적 성격을 지니고 있다.

　조선 후기로 넘어오면서 퇴계의 제자인 정구의 학맥은 기호 지역의 남인 학자들에 의해 계승되고 있다. 1694년 갑술환국甲戌換局 이후 남인은 서인으로부터 결정적인 타격을 받고 정계의 주도권을 상실하면서 향촌 근거지인 영남으로 물러난 영남 남인과 근기近畿 지방에 자리를 잡은 기호 남인으로 나뉘게 된다. 이 가운데 기호 남인은 숙종 초년 남인의 산림 총수였던 허목의 제자와 그 계열을 중심으로 학파를 형성하게 되었다. 기호 남인 계열에 대해서 채제공蔡濟恭이 다음과 같이 설명한다.

"생각건대 우리 도에는 유서由緖가 있으니 퇴계는 우리 동방의 부자이시다. 그 도를 한강에게 전하고 한강은 그 도를 미수에게 전했으며 선생(성호 이익)은 미수를 사숙했으니 미수를 배워 퇴계의 유서를 이으신 것이다."[6]

이 학파의 계보를 도식화하면 다음과 같다.

退溪-鄭逑-許穆-李瀷-安鼎福-黃德吉-許傳-許勳
            |
    權哲身-丁若鏞

기호 지방에 퍼진 퇴계 학맥은 정구→허목→이익李瀷으로 이어진다. 기호 지역에서 활동했던 윤휴尹鑴도 정구와 상당한 연관을 맺고 있는 것이 사실이다. 허목, 윤휴, 이익 등 조선 후기의 대표적 학자들이 퇴계학통에 근원을 두고 있다. 이 기호 남인의 학맥은 근기실학파로 일컬어지며, 기존의 성리학적 범위를 벗어나 보다 다양한 각도에서 경전을 해석했다. 마침내 이익에 이르러 이른바 실학 학풍을 잉태하게 된다. 이익의 문도들은 천주학을 부정적으로 보는 안정복安鼎福→황덕길黃德吉→허전許傳 계열과, 천주학을 긍정적으로 보는 권철신權哲身→정약용丁若鏞 계열로 나뉘어 학통이 전승된다. 이들 가운데 정약용은 기존의 학맥에 연암파의 북학사상을 접목해 실학사상을 집대성했다. 따라서 다산학茶山學은 종합적인 성격을 띠게 되는데, 경학사상의 중추를 이루는 천天과 상제관上帝觀에는 리를 지극히 존엄한 절대자로서 외경하는 퇴계의 리존理尊의식이 내포되어 있는 것으로 보인다.

퇴계학통은 19세기 말 조선 후기에 절박한 역사적 상황에 대응하면서 서양과 일본의 침략 세력을 불의不義로 규정하고 배척하며 저항하는 의리 정신을 강인하게 발휘했다. 당시의 대표적 성리학자인 이진상李震相을 중심으로 전개된 성리설에 대한 활발한 토론은 이론의 엄밀하고 체계적인 업적을 산출해, 리를 궁극적 가치 표준으로 추구하던 규범적 사회 체제가 붕괴되고 자율적 변화의 시대를 맞게 되면서 변혁기의 역사적 상황 속에 능동적인 대응 자세를 이끌어냈다. 이진상의 제자인 곽종석郭鍾錫은 을사보호조약이 체결된 이후 강력한

항일 운동을 전개했으며, 1919년에 김창숙金昌淑, 김황金榥 등 그의 문인들과 함께 파리평화회의에서 한국의 독립을 청원하는 파리장서사건을 주도했다. 이렇듯 퇴계학은 16세기 후반부터 400여 년 동안 한국의 사상과 문화의 원천을 이루었던 것이다.

주요 저서

시詩

각 문체의 한시 997수와 『도산잡영』 및 국한문 혼용 시조집인 「도산십이곡」 등이 있다. 16세기 조선 시문학을 주도한 성리학적 문학관이 잘 나타나 있다.

『무진육조소戊辰六條疏』

1568년 선조에게 올린 상소문으로, 군주의 자기 수양과 통치술을 포괄적으로 기술하고 있다. 퇴계의 시대 인식과 경세론을 엿볼 수 있는 문헌이다. 요약하자면 제1조는 계통繼統(왕통을 잇는 것)을 중시하고 인과 효를 소중하게 보존할 것, 제2조는 참소讒訴(남을 헐뜯어서 죄가 있는 것처럼 꾸며 윗사람에게 고하여 바침)를 막아 양궁兩宮(선조가 거처하는 왕궁과 명종비 인순왕후가 거처하는 궁)을 친하게 할 것, 제3조는 성학聖學(성왕의 학문)을 숭상해 정치의 근본을 이룩할 것, 제4조는 도술道術을 밝혀 인심을 바로잡을 것, 제5조는 복심腹心으로 미루어 이목을 통하게 할 것(여기서 복심은 대신臺臣을 의미하고 이목은 대간臺諫을 말하는 것으로, 군주는 대신을 신임하고 대간의 말을 들어야 한다는 뜻), 제6조는 수양하고 성찰하는 것을 정성스레 하고 천애天愛를 계승할 것이라는 내용의 여섯 조목으로 구성되어 있다.

『성학십도聖學十圖』

『무진육조소』와 함께 선조에게 올린 『성학십도』는 퇴계학의 정수를 담고 있는 저작으로 평가된다. 이것은 1568년 퇴계가 경연에서 성학의 대강과 심법의 요체를 선조에게 설명하기 위해 성리학의 핵심적인 내용을 여러 학자의 도설에서 발췌하고 그 아래에 자신의 견해를 서술한 것이다. 제1도는 「태극도太極圖」로, 주렴계의 『태극도설』과 태극도 그리고 주자의 해석을 게재한 다음, 이것이 도리의 대두뇌처이고 학술의 연원이기 때문에 제1도로 삼았음을 밝히고 있다. 제2도는 「서명도西銘圖」로, 장횡거의 『서명』과 주자·양구산·요쌍봉의 해석을 인용하고 정림은程林隱의 그림을 실은 다음, 퇴계가 간단히 내용 설명을 하고 있다. 제3도는 「소학도小學圖」로, 『소학제사小學題辭』와 주자의 『대학혹문』에서 소학에 관해 설명한 부분을 인용하고, 그림은 퇴계가 소학의 목록에 의거해 그린 것이다. 퇴계의 간단한 설명문이 있다. 제4도는 「대학도大學圖」로, 『대학』의 경문과 주자가 『대학혹문』에서 『대학』을 설명한 부분을 인용하고, 권근의 그림을 전재했다. 퇴계는 설명문에서 특히 경敬을 강조하고 있다. 제5도는 「백록동규도白鹿洞規圖」로, 주자가 백록동서원에서 강의할 때 지은 『규약문』의 후서後序를 싣고 퇴계가 설명한 것이며, 그림은 『규약문』의 조목에 의거해 퇴계가 그린 것이다. 오륜이 강조되고 있다. 이상의 5도는 '천도에 근본을 두고 인륜을 밝히고 덕업에 힘써야 함'을 주장한 것이다.

제6도는 「심통성정도心統性情圖」로, 정림은이 지은 글과 세계의 그림, 그리고 퇴계의 설명문으로 구성되어 있다. 상도上圖는 정림은이 그린 것이고, 중도中圖와 하도下圖는 퇴계가 그린 것이다. 퇴계의 심성론과 경사상이 집약되어 있다. 제7도는 「인설도仁說圖」로, 주자의 『인설仁說』과 그림을 싣고 퇴계가 간략하게 그 취지를 설명하고 있다. 제8도는 「경재잠도敬齋箴圖」로, 주자의 『경재잠』과 오림천·진서산의 해석을 싣고 퇴계가 '경이 성학의 시종'임을 밝히고 있다. 그림은 왕백王柏이 『경재잠』의 내용을 배열해서 만든 것이다. 제10도는 「숙흥야매잠도夙興夜寐箴圖」로, 새벽에 깨어나 밤에 잠들 때까지의 행동 규범을 기술해 놓은 것이다. 진무경陳茂敬이 『숙흥야매잠』을 싣고, 그림은 퇴계가 왕백의 『경재잠도』를 본떠 그린 것이다. 참으로 자기 자신에게 엄격했던 선비들의 일상생활을 여실히 들여다볼 수 있는 글이다. 이상의 5도는 심성에 근원해 일상생활에 힘쓰고 경외함을 숭상하고자 한 것이다.

『퇴도선생자성록退陶先生自省錄』

퇴계가 문인 및 사우들에게 보낸 편지 가운데 몇 가지를 추려서 스스로 반성하는 자료로 삼은 것이다. 그 서문에 "옛사람이 말을 함부로 하지 않은 것은 자신의 실천이 따르지 못함을 부끄러워했기 때문이다"라고 적고 있듯이, 언행일치를 강조하는 퇴계의 인품이 돋보인다.

『논사단칠정論四端七情』

사단과 칠정을 리기론理氣論으로 어떻게 해석하고 체계화할 것인가에 대해 고봉과 토론한 편지글이다. 『퇴계집』 가운데 철학적인 비중이 가장 무거운 부분으로, 퇴계 사상은 이 논변에서부터 시작되어 성립된 것이다. 퇴계 사상은 당시의 조선 사회에서 제기된 문제들을 주자학의 이론 체계를 가지고 해결해나가는 과정에서 형성되었다. 그 내용은 본문에서 분석했다.

2부

본문

『퇴계전서』는 성균관대학교에서 영인해 다섯 권으로 출판한 것이 가장 많이 읽힌다. 이 책에는 시와 사서에 대한 해석, 상소문, 서간문, 언행록, 철학적 논문 등 다양한 글들이 들어 있다. 이 가운데 철학적으로 가장 핵심이 되는 문헌은 사단칠정논쟁을 담은 서신과, 『성학십도』이다. 사단칠정논쟁의 근본 문제들은 기대승이 퇴계의 주장을 비판한 서신과 이에 대한 퇴계의 답변(사단칠정을 논한 첫 번째 편지), 그리고 퇴계의 답변을 기대승이 비판한 것에 대해 퇴계가 조목조목 논변한 편지(사단칠정을 논한 두 번째 편지)에 잘 나타나 있다. 그리고 인간의 마음과 수양에 대한 퇴계의 학설을 간결하고 체계적으로 기술한 것이 『성학십도』 가운데 「심통성정도」와 「경제잠」이다. 정치·사회적인 시각에서 볼 때, 가장 중요한 문헌은 『무진육조소』이다. 이것은 무진년에 퇴계가 선조에게 올린 상소문이다. 퇴계가 당시 사회 문제를 어떻게 진단하고 있으며 이에 대한 대처 방안으로 제시한 정치론은 무엇인가에 대해 총체적으로 적고 있다.

1장

사단칠정론

사단과 칠정을 리와 기로 나누는 것은 잘못이라는 고봉의 비판

자사가 말하기를 "희로애락이 아직 발하지 않은 것을 중中이라 하고, 발하여 절도에 맞은 것을 화和라고 한다"라고 하였고, 맹자가 말하기를 "측은의 마음은 인仁의 단서이고, 수오의 마음은 의義의 단서이고, 사양의 마음은 예禮의 단서이고, 시비의 마음은 지智의 단서이다"라고 하였습니다.[1] 이것은 성·정의 설인데 선유들이 매우 자세하게 드러내 밝힌 것입니다. 그러나 일찍이 고찰해 보건대, 자사의 말은 이른바 '그 전체를 말하였다'는 것이고 맹자의 논함은 이른바 '발라 내온 것'이라는 것입니다. 대개 사람의 마음이 아직 발하지 않았다면 성이라 이르고, 이미 발하였다면 정이라 이르는데, 성은 선하지 않음이 없지만 정은 선악이 있으니 이는 본디 그러한 이치입니다. 다만 자사와 맹자가 나아가 말한 바의 것이 같지 않기 때문에 사단과 칠정의 구별이 있는 것뿐이며, 칠정 밖에 다시 사단이 있는 것은 아닙니다.

> 子思曰: "喜怒哀樂之未發, 謂之中, 發而皆中節, 謂之和." 孟子
> 자사왈: "희로애락지미발, 위지중, 발이개중절, 위지화." 맹자
> 曰: "惻隱之心, 仁之端也; 羞惡之心, 義之端也; 辭讓之心, 禮之
> 왈: "측은지심, 인지단야; 수오지심, 의지단야; 사양지심, 예지
> 端也; 是非之心, 智之端也." 此性情之說也, 而先儒發明盡矣. 然
> 단야; 시비지심, 지지단야." 차성정지설야, 이선유발명진의. 연
> 竊嘗攷之, 子思之言, 所謂道其全者, 而孟子之論, 所謂剔撥出來
> 절상고지, 자사지언, 소위도기전자, 이맹자지론, 소위척발출래
> 者也. 蓋人心未發則謂之性, 已發則謂之情, 而性則無不善, 情則
> 자야. 개인심미발즉위지성, 이발즉위지정, 이성즉무불선, 정즉
> 有善惡, 此乃固然之理也. 但子思·孟子所就以言之者不同, 故有
> 유선악, 차내고연지리야. 단자사·맹자소취이언지자부동, 고유
> 四端·七情之別耳, 非七情之外復有四端也.
> 사단·칠정지별이, 비칠정지외부유사단야.

이제 만약 "사단은 리에서 발하기 때문에 선하지 않음이 없고 칠정은 기에서 발하기 때문에 선악이 있다"고 한다면[2] 이것은 리와 기가 갈라져 두 가지 존재가 되는 것이며, 칠정

은 성에서 나오지 않고 사단은 기를 타지 않는다는 것입니다.[3] 이 말뜻은 병폐가 없을 수 없고 후학이 의심하지 않을 수 없습니다. 만약 또 "사단이 발하는 것은 순수한 리이기 때문에 선하지 않음이 없고 칠정이 발하는 것은 기를 겸하였기 때문에 선악이 있다"라고[4] 고친다면 비록 앞의 말보다는 약간 나은 듯하나, 저의 생각으로는 역시 부족한 것 같습니다. 대개 성이 잠깐 발할 때, 기가 작용하지 않고 본연의 선이 그대로 이루어진 것이 바로 맹자의 이른바 '사단'이라는 것입니다. 이것은 진실로 순수하게 천리가 발한 것이지만 그러나 칠정 밖으로 벗어날 수는 없으니, 이는 곧 칠정 중에서 발하여 절도에 맞은 것의 묘맥[5]입니다. 그렇다면 사단과 칠정을 대립시켜 서로를 각각 말하여 순수한 리라느니 기를 겸하느니 말할 수 있겠습니까? 인심과 도심[6]을 논한다면 혹 이와 같이 말할 수 있겠으나, 만약 사단 칠정이라면 이와 같이 말할 수 없을 것 같습니다. 대개 칠정은 오로지 인심으로 볼 수 없습니다.

　무릇 리는 기의 주재이고 기는 리의 재료이니 두 가지에는 진실로 구분이 있으나 그것이 사물에서는 본디 혼륜하여 나눌 수 없습니다. 다만 리는 약하고 기는 강하며[7] 리는 조짐이 없고 기는 자취가 있기에[8] 유행하고 발현하는 사이에 지나침과 못 미침의 차이가 없을 수 없습니다. 이것이 칠정의 발함이 혹 선하기도 하고 악하기도 하여, 성의 본체가 혹 온전하지 못하게 되는 까닭입니다. 그러나 그 선한 것은 바로 천명의 본연이고 악한 것은 바로 기품의 지나치고 못 미침이니, 이른바 사단과 칠정이란 것이 애당초 두 가지 뜻이 있는 것은 아닙니다.

> 今若以謂四端發於理而無不善, 七情發於氣而有善惡, 是理與氣
> 금약이위사단발어리이무불선, 칠정발어기이유선악, 시리여기
> 判而爲兩物也, 是七情不出於性, 而四端不乘於氣也, 此語意之不
> 판이위량물야, 시칠정불출어성, 이사단불승어기야, 차어의지불
> 能無病, 而後學之不能無疑也. 若又以四端之發純理, 故無不善, 七
> 능무병, 이후학지불능무의야. 약우이사단지발순리, 고무불선, 칠
> 情之發兼氣, 故有善惡者而改之, 則雖似稍勝於前說, 而愚意亦恐
> 정지발겸기, 고유선악자이개지, 즉수사초승어전설, 이우의역공
> 未安, 蓋性之乍發, 氣不用事, 本然之善得以直遂者, 正孟子所謂
> 미안, 개성지사발, 기불용사, 본연지선득이직수자, 정맹자소위
> 四端者也. 此固純是天理所發, 然非能出於七情之外也, 乃七情中
> 사단자야. 차고순시천리소발, 연비능출어칠정지외야, 내칠정중
> 發而中節者之苗脈也. 然則以四端七情對擧互言, 而謂之純理兼
> 발이중절자지묘맥야. 연즉이사단칠정대거호언, 이위지순리겸
> 發而中節者之苗脈也. 然則以四端七情對擧互言, 而謂之純理兼
> 발이중절자지묘맥야. 연즉이사단칠정대거호언, 이위지순리겸
> 氣可乎? 論人心道心則或可如此說, 若四端七情則恐不得如此說,
> 기가호? 논인심도심즉혹가여차설, 약사단칠정즉공부득여차설,

蓋七情不可專以人心觀也.

개칠정불가전이인심관야.

夫理, 氣之主宰也, 氣, 理之材料也, 二者固有分矣, 而其在事物

부리, 기지주재야, 기, 리지재료야, 이자고유분의, 이기재사물

也, 則固混淪而不可分開, 但理弱氣强, 理無眹而氣有跡, 故其流行

야, 즉고혼륜이불가분개, 단리약기강, 리무진이기유적, 고기류행

發見之際, 不能無過不及之差. 此所以七情之發, 或善或惡, 而性

발현지제, 불능무과불급지차. 차소이칠정지발, 혹선혹악, 이성

之本體, 或有所不能全也. 然其善者, 乃天命之本然: 惡者, 乃氣

지본체, 혹유소불능전야. 연기선자, 내천명지본연: 악자, 내기

稟之過不及也, 則所謂四端七情者, 初非有二義也.

품지과불급야, 즉소위사단칠정자, 초비유이의야.

근래 학자들은 맹자가 선한 한쪽 부분에 나아가 발라내어 가리킨 뜻을 살피지 않고 으레 사단과 칠정을 구별하여 논하는데, 저는 그것을 병폐로 여깁니다.[9] 주자가 말하기를 "희로애락은 정이고, 그것이 아직 발하지 않은 것은 성이다"라고 하였고,[10] 성과 정을 논하는 즈음에 이르러서는 매번 사덕과 사단으로 말하였는데[11] 사람들이 깨닫지 못하고 기로써 성을 말할까 염려한 것입니다. 그러나 학자는 모름지기 리가 기에서 벗어나지 않고 기가 지나치거나 못 미침이 없이 자연히 발

현되는 것이 곧 리의 본체가 그런 것임을 알고서 힘을 쏟는다면 거의 어긋남이 없을 것입니다.

> 近來, 學者不察孟子就善一邊剔出指示之意, 例以四端七情別而
> 근래, 학자불찰맹자취선일변척출지시지의, 예이사단칠정별이
> 論之, 愚竊病焉. 朱子曰: 喜怒哀樂, 情也; 其未發, 則性也. 及論
> 론지, 우절병언. 주자왈: 희로애락, 정야; 기미발, 즉성야. 급론
> 性情之際, 則每每以四德四端言之, 恐人之不曉而以氣言性也. 然
> 성정지제, 즉매매이사덕사단언지, 공인지불효이이기언성야. 연
> 學者須知理之不外於氣, 而氣之無過不及, 自然發見者, 乃理之本
> 학자수지리지불외어기, 이기지무과불급, 자연발현자, 내리지본
> 體然也, 而用其力焉, 則庶乎其不差.
> 체연야, 이용기력언, 즉서호기불차.

퇴계가 고봉에게 답함
사단칠정을 논한 첫 번째 편지[12]

성과 정에 대한 변론은 선유들이 자세하게 드러내 밝혔으나, 오직 사단과 칠정을 말하는 데에는 다만 모두 정이라고 했을 뿐입니다. 리와 기로 나누어 말한 것은 아직 보지 못하였습니다.

예전에 정추만이 그림을 만들면서 "사단은 리에서 발하고 칠정은 기에서 발한다"라는 설이 있었는데, 내 생각에도 분별함이 너무 심하여 혹 논쟁의 단서가 될까 걱정되었습니다. 그래서 순선·겸기 등의 말로 고쳤는데 대체로 서로 도와 강론하여 밝히고자 했을 뿐, 고친 그 말에 허물이 없다고 하는 것은 아니었습니다. 지금 보여준 변설은 잘못된 곳을 지적하고 깨우쳐줌이 자세하니 깨달음이 더욱 깊습니다. 그런데도 오히려 의혹이 없을 수 없어서 시험 삼아 말하여 바로잡아 주기를 청하고자 합니다.

> 性情之辯, 先儒發明詳矣, 惟四端七情之云, 但俱謂之情, 而未見
> 성정지변, 선유발명상의, 유사단칠정지운, 단구위지정, 이미견
> 有以理氣分說者焉. 往年鄭生之作圖也, 有"四端發於理, 七情發
> 유이리기분설자언. 왕년정생지작도야, 유"사단발어리, 칠정발
> 於氣"之說. 愚意亦恐其分別太甚, 或致爭端, 故改下"純善"·"兼
> 어기"지설. 우의역공기분별태심, 혹치쟁단, 고개하"순선"·"겸
> 氣"等語, 蓋欲相資以講明, 非謂其言之無疵也. 今者蒙示辯說, 摘
> 기"등어, 개욕상자이강명, 비위기언지무자야. 금자몽시변설, 적
> 抉差謬, 開曉諄悉, 警益深矣, 然猶有所不能無惑者, 請試言之而
> 결차류, 개효순실, 경익심의, 연유유소불능무혹자, 청시언지이
> 取正焉.
> 취정언.

무릇 사단은 정이고 칠정도 정이니 똑같은 정인데 어째서 사단과 칠정이라는 다른 이름이 있겠습니까? 보내온 편지에 이른바 "나아가 말한 바의 것이 같지 않다"는 것이 이것입니다. 대개 리와 기는 본래 서로를 필요로 하여 체가 되고 서로를 기다려서 용이 되는 것이니, 진실로 리 없는 기가 없고 또한 기 없는 리도 없습니다. 그러나 나아가 말한 것이 다르면

또한 구별이 없을 수 없습니다. 예로부터 성현들이 두 가지를 언급하였으니 어찌 일찍이 반드시 혼합하여 하나의 것으로 삼고 분별하여 말하지 않았겠습니까?

또 '성' 한 글자를 가지고 말하건대, 자사의 이른바 '하늘이 명한 성'과 맹자의 이른바 '성선의 성', 이 두 '성' 자가 가리켜 말한 바의 것이 어디에 있습니까? 장차 리와 기가 부여된 속에 나아가 이 리의 원두 본연처를 가리켜 말한 것이 아니겠습니까? 그 가리킨 바가 리에 있고 기에 있지 않기 때문에 순선무악이라고 할 수 있습니다. 만약 리와 기는 서로 떨어질 수 없기 때문에 기를 겸한 것으로 말하고자 한다면 이미 성의 본연이 아닙니다.

무릇 자사와 맹자가 도체의 온전함을 밝히 보고 이와 같이 말한 것은, 하나만 알고 둘을 몰라서가 아닙니다. 진실로 기를 섞어서 성을 말한다면 성의 본래 선함을 볼 수 없다고 여겼기 때문입니다. 후세에 와서 정자, 장자 등 여러 선생이 나온 뒤에 부득이 '기질지성'의 의논이 있었으나 또한 많은 것을 구하여 다른 이론을 세운 것이 아닙니다. 가리켜 말한 바의 것이 선천적으로 타고난 뒤에 있으니, 또한 순수하게 본연지성과는 혼칭할 수 없습니다. 그러므로 나는 일찍이 정에 사단과 칠정의 구분이 있는 것은 성에 본연과 기품의 다름이 있는 것과 같다고 생각한 것입니다. 그렇다면 그 성에 대해서는 이미 리와 기로 나누어 말할 수 있는데, 정에 이르러서는 홀로 리와 기로 나누어 말하는 것이 불가능하겠습니까?

夫四端情也, 七情亦情也, 均是情也, 何以有四七之異名耶? 來喩
부사단정야, 칠정역정야, 균시정야, 하이유사칠지이명야? 내유
所謂 "所就以言之者不同" 是也, 蓋理之與氣, 本相須以爲體, 相待
소위 "소취이언지자부동" 시야, 개리지여기, 본상수이위체, 상대
以爲用, 固未有無理之氣, 亦未有無氣之理, 然而所就而言之不同,
이위용, 고미유무리지기, 역미유무기지리, 연이소취이언지부
則亦不容無別. 從古聖賢有論及二者, 何嘗必滾合爲一物而不同,
즉역불용무별. 종고성현유론급이자, 하상필곤합위일물이불
分別言之耶? 且以 "性" 之一字言之, 子思所謂 "天命之性", 孟子所
분별언지야? 차이 "성" 지일자언지, 자사소위 "천명지성", 맹자소
謂 "性善之性", 此二 "性" 字, 所指而言者何在乎? 將非就理氣賦與
위 "성선지성", 차이 "성" 자, 소지이언자하재호? 장비취리기부여
之中, 而指此理源頭本然處言之乎? 由其所指者在理不在氣, 故可
지중, 이지차리원두본연처언지호? 유기소지자재리부재기, 고가
謂之純善無惡耳. 若以理氣不相離之故, 而欲兼氣爲說, 則已不是
위지순선무악이. 약이리기불상리지고, 이욕겸기위설, 즉이불시
性之本然矣. 夫以子思‧孟子洞見道體之全而立言如此者, 非知
성지본연의. 부이자사‧맹자동견도체지전이립언여차자, 비지
其一不知其二也, 誠以爲雜氣而言性, 則無以見性之本善故也. 至
기일부지기이야, 성이위잡기이언성, 즉무이견성지본선고야. 지

기일부지기이야, 성이위잡기이언성, 즉무이견성지본선고야. 至於後世程·張諸子之出, 然後不得已而有 "氣質之性" 之論, 亦非 어후세정·장제자지출, 연후부득이이유 "기질지성" 지론, 역비 求多而立異也, 所指而言者, 在乎稟生之後, 則又不得純以本然之 구다이립이야, 소지이언자, 재호품생지후, 즉우부득순이본연지 性混稱之也. 故愚嘗妄以爲情之有四端七情之分, 猶性之有 "本 성혼칭지야. 고우상망이위정지유사단칠정지분, 유성지유 "본 性"·"氣稟" 之異也, 然則其於性也, 旣可以理氣分言之, 至於情, 성"·"기품" 지이야, 연즉기어성야, 기가이리기분언지, 지어정, 獨不可以理氣分言之乎?

독불가이리기분언지호?

측은·수오·사양·시비가 어디에서부터 발합니까? 인·의·예·지의 성에서 발합니다. 희·노·애·구·애·오·욕은 어디에서부터 발합니까? 외물이 그 형기에 접촉함에 속에서 움직여 대상에 따라서 나오는 것입니다.[13] 사단의 발함을 맹자는 이미 심이라고 하였으니, 심은 진실로 리와 기가 합한 것입니다. 그러나 가리켜 말한 바의 것이 리를 주로 한 것은 어째서입니까? 인·의·예·지의 성은 순수하게 속에 있고 이 네 가지는 그 단서입니다. 칠정의 발함을 주자는 "본래 당연한 법칙이 있다."고 하였으니[14] 리가 없는 것이 아닙니다. 그러나 가리켜 말한 바의 것이 기에 있는 것은 어째서입니까? 외물이 올 적에 쉽게 감응하여 먼저 움직이는 것이 형기만 한 것이 없는데, 일곱 가지는 바로 그 묘맥입니다. 어찌 마음속에서는 순수한 리였는데 발하자마자 기와 섞이게 되었으며, 밖에서 감응하였다면 형기인데 그 발하는 것이 리의 본체가 되었겠습니까?

사단은 모두 선하기 때문에 "네 가지 마음이 없으면 사람이 아니다"라고 하였고, "그 정이라면 선할 수 있다"고 하였습니다.[15] 칠정은 선과 악이 정해지지 않은 것입니다. 그러므로 그중에 하나라도 있을 적에 잘 살피지 않으면 마음이 그 바름을 얻지 못하고, 반드시 발하여 절도에 맞은 뒤에 '화'라고 이릅니다. 이것으로부터 보자면 두 가지가 비록 모두 리와 기에서 벗어나지는 않았지만, 그 근본 내력으로 인하여 각각 주장하는 것과 중하게 여기는 것을 가리켜 말한다면, 어떤 것은 리가 되고 어떤 것은 기가 된다고 하는 것이 어찌 불가능하겠습니까?

> 惻隱·羞惡·辭讓·是非, 何從而發乎? 發於仁·義·禮·智之
> 측은·수오·사양·시비, 하종이발호? 발어인·의·예·지지
> 性焉爾. 喜·怒·哀·懼·愛·惡·欲, 何從而發乎? 外物觸其形
> 성언이. 희·노·애·구·애·오·욕, 하종이발호? 외물촉기형
> 而動於中, 緣境而出焉爾. 四端之發, 孟子旣謂之心, 則心固理氣

이동어중, 연경이출언이. 사단지발, 맹자기위지심, 즉심고리기
之合也, 然而所指而言者, 則主於理, 何也? 仁·義·禮·智之性
지합야, 연이소지이언자, 즉주어리, 하야? 인·의·예·지지성
粹然在中, 而四者其端緖也, 七情之發, 朱子謂"本有當然之則",
수연재중, 이사자기단서야, 칠정지발, 주자위"본유당연지칙",
則非無理也, 然而所指而言者則在乎氣, 何也? 外物之來, 易感而
즉비무리야, 연이소지이언자즉재호기, 하야? 외물지래, 역감이
先動者莫如形氣, 而七者其苗脈也. 安有在中爲純理, 而才發爲雜
선동자막여형기, 이칠자기묘맥야. 안유재중위순리, 이재발위잡
氣, 外感則形氣, 而其發爲理之本體耶? 四端皆善也, 故曰: "無四
기, 외감즉형기, 이기발위리지본체야? 사단개선야, 고왈: "무사
者之心, 非人也." 而曰: "乃若其情則可以爲善矣." 七情, 善惡
자지심, 비인야." 이왈: "내약기정즉가이위선의." 칠정, 선악
未定也, 故一有之而不能察, 則心不得其正矣. 而必發而中節, 然
미정야, 고일유지이불능찰, 즉심부득기정의. 이필발이중절, 연
後乃謂之和. 由是觀之, 二者雖曰皆不外乎理氣, 而因其所從來,
후내위지화. 유시관지, 이자수왈개불외호리기, 이인기소종래,
各指其所主與所重而言之, 則謂之某爲理, 某爲氣, 何不可之有乎?
각지기소주여소중이언지, 즉위지모위리, 모위기, 하불가지유호?

보내온 편지의 뜻을 자세히 살펴보건대, 리와 기가 서로

따르고 떨어지지 않는다는 점을 깊이 보고 매우 힘을 써서 그 학설을 주장하였습니다. 그러므로 리 없는 기가 없고 또한 기 없는 리가 없다고 생각하여 "사단과 칠정을 다른 뜻이 있는 것이 아니다"라고 하였으니, 이것이 비록 옳은 듯하지만 성현의 뜻으로 헤아려보면 부합하지 않는 것이 있는 듯합니다.

대체로 의리의 학문은 지극히 정밀하고 자세한 것이니, 반드시 마음을 크게 가지고 안목을 높게 가져 일체 먼저 한 가지 설로써 주장을 삼지 말고, 마음을 비우고 기운을 화평하게 하여 서서히 그 뜻을 관찰하여야 합니다. 같은 가운데 나아가서도 그 다름이 있음을 알고 다른 가운데 나아가서도 같음이 있음을 보아서, 나누어서 둘이 되어도 그 일찍이 떨어지지 않음을 해치지 않고, 합쳐서 하나가 되어도 실로 서로 섞이지 않는 데로 돌아가야, 이에 두루 갖추어져서 편벽됨이 없게 됩니다.

> 竊詳來喩之意, 深有見於理氣之相循不離, 而主張其說甚力, 故以
> 절상래유지의, 심유견어리기지상순불리, 이주장기설심력, 고이
> 爲未有無理之氣, 亦未有無氣之理, 而謂四端七情非有異義. 此雖
> 위미유무리지기, 역미유무기지리, 이위사단칠정비유이의. 차수
> 近是, 而揆以聖賢之旨, 恐有所未合也. 大抵義理之學·精微之致,
> 근시, 이규이성현지지, 공유소미합야. 대저의리지학·정미지치,
> 必須大著心胸, 高著眼目, 切勿先以一說爲主, 虛心平氣, 徐觀

필수대저심흉, 고저안목, 절물선이일설위주, 허심평기, 서관
其義趣, 就同中而知其有異, 就異中而見其有同, 分而爲二而不
기의취, 취동중이지기유이, 취이중이견기유동, 분이위이이불
害其未嘗離, 合而爲一而實歸於不相雜, 乃爲周悉而無偏也.
해기미상리, 합이위일이실귀어불상잡, 내위주실이무편야.

청컨대 다시 성현의 말씀으로써 반드시 그러함을 밝히 겠습니다. 옛날에 공자는 '계선성성'이라는 논이 있었고[16] 주자는 '무극태극'의 설이 있었는데[17] 이것은 모두 리와 기가 서로 따르는 가운데 나아가 발라내어 오직 리만 말한 것입니다. 공자가 말한 '성품은 서로 가깝고 습관은 서로 멀다의 성'과[18] 맹자가 말한 '이목구비의 성'은[19] 이 모두 리와 기가 서로 이루는 가운데 나아가 한쪽만을 가리켜 오직 기만을 말한 것입니다. 이 네 가지는 어찌 같은 가운데 나아가 다름이 있음을 아는 것이 아니겠습니까?

자사가 중화를 논하면서 희·노·애·낙만 말하고 사단을 언급하지 않았으며, 정자가 호학을 논하면서 희·노·애·구·애·오·욕만 말하고[20] 또한 사단을 말하지 않았는데, 이것은 리와 기가 서로 기다리는 가운데 나아가 혼륜하여 말한 것입니다. 이 두 가지는 어찌 다른 것 가운데에 나아가 같음이 있음을 아는 것이 아니겠습니까?

請復以聖賢之說明其必然: 昔者孔子有"繼善成性"之論, 周子有
청부이성현지설명기필연: 석자공자유"계선성성"지론, 주자유
"無極太極"之說, 此皆就理氣相循之中, 剔撥而獨言理也. 孔子言
"무극태극"지설, 차개취리기상순지중, 척발이독언리야. 공자언
"相近相遠"之性, 孟子言"耳目口鼻"之性, 此皆就理氣相成之中,
"상근상원"지성, 맹자언"이목구비"지성, 차개취리기상성지중,
偏指而獨言氣也. 斯四者豈非就同中而知其有異乎? 子思之論中
편지이독언기야. 사사자기비취동중이지기유이호? 자사지론중
和, 言喜·怒·哀·樂, 而不及於四端, 程子之論好學, 言喜·怒·
화, 언희·노·애·낙, 이불급어사단, 정자지론호학, 언희·노·
哀·懼·愛·惡·欲, 而亦不言四端, 是則就理氣相須之中而渾淪
애·구·애·오·욕, 이역불언사단, 시즉취리기상수지중이혼륜
言之也. 斯二者豈非就異中而見其有同乎?
언지야. 사이자기비취이중이견기유동호?

지금 변론한 것은 이와 달라서 같은 것을 기뻐하고 분리되기를 싫어하며 하나로 뭉뚱그리기를 좋아하고 분석하기를 싫어하여 사단과 칠정의 근본 내력은 따지지도 않고, 대개 리와 기를 겸하고 선과 악이 있다고 여겨 깊이 분별하여 말할 수 없다고 합니다. 중간에 비록 "리는 약하고 기는 강하다" "리는 조짐이 없고 기는 자취가 있다"는 말이 있기는 하지만,

그 끝에 이르러서는 곧 "기가 스스로 그러하게 발현하는 것은 리의 본체가 그러한 것이다"라고 하였습니다. 이것은 드디어 리와 기를 하나의 것으로 여겨 구별하는 것이 없는 것입니다. 근세에 나정암이 리와 기가 다른 것이 아니라는 설을 주창하여, 주자의 말을 그르다고 하기에 이르렀습니다. 나는 늘 그 뜻을 이해하지 못하겠습니다만, 보내온 편지에서 말한 것이 이와 비슷하다고 말하지는 않겠습니다.

또 보내온 편지에 이미 자사와 맹자가 나아가 말한 바의 것이 다르다고 하며, 또 사단은 선한 쪽만 발라낸 것이라 하고서, 도리어 사단과 칠정이 가리키는 것이 다르지 않다고 한 것은 스스로 서로 모순되는 것에 가깝지 않겠습니까? 무릇 학문을 강론하면서 분석을 싫어하고 합하여 일설로 만들기를 힘쓰는 것을 옛사람은 "대추를 씹지 않고 그냥 삼키는 것"이라 하였으니 그 병통이 적지 않은데, 이와 같이 계속한다면 알지 못하고 깨닫지 못하는 사이에 차츰 기로써 성을 논하는 폐단에 들어가고, 인욕을 오인하여 천리로 여기는 걱정거리에 떨어지게 될 것입니다. 어찌 가하다 할 수 있겠습니까?

> 今之所辯則異於是: 喜同而惡離, 樂渾全而厭剖析, 不究四端七情
> 금지소변즉이어시: 희동이악리, 낙혼전이염부석, 불구사단칠정
> 之所從來, 槩以爲兼理氣有善惡, 深以分別言之爲不可, 中間雖有
> 지소종래, 개이위겸리기유선악, 심이분별언지위불가, 중간수유

"理弱氣强"·"理無眹氣有迹"之云, 至於其末, 則乃以氣之自然發
"리약기강"·"리무진기유적" 지운, 지어기말, 즉내이기지자연발
見爲理之本體然也, 是則遂以理氣爲一物而無所別矣. 近世羅整
현위리지본체연야, 시즉수이리기위일물이무소별의. 근세나정
菴倡爲理氣非異物之說, 至以朱子說爲非是, 滉尋常未達其指, 不
암창위리기비이물지설, 지이주자설위비시, 황심상미달기지, 불
謂來喩之云亦似之也. 且來喩旣云子思·孟子所就而言之者不
위래유지운역사지야. 차래유기운자사·맹자소취이언지자부
同, 又以四端爲剔撥出來, 而反以四端七情爲無異指, 不幾於自相
동, 우이사단위척발출래, 이반이사단칠정위무이지, 불기어자상
矛盾乎? 夫講學而惡分析, 務合爲一說, 古人謂之"鶻圇呑棗", 其病
모순호? 부강학이오분석, 무합위일설, 고인위지 "골륜탄조", 기병
不少, 而如此不已, 不知不覺之間, 駸駸然入於以氣論性之蔽, 而墮
불소, 이여차불이, 부지불각지간, 침침연입어이기론성지폐, 이타
於認人欲作天理之患矣, 奚可哉!
어인인욕작천리지환의, 해가재!

편지를 받고 즉시 나의 소견을 전하려 하였으나, 감히 스스로 그 소견이 반드시 옳아서 의심이 없다고 할 수 없어서 오래도록 발설하지 않았습니다. 근래 『주자어류』의 맹자의 사단을 논한 곳의 마지막 한 조를 보니 바로 이 일을 논하였

습니다. 그 말씀에 "사단은 리의 발이고 칠정은 기의 발이다"라고 하였습니다.[21]

옛사람이 "감히 자신을 믿지 말고 스승을 믿으라"라고 말하지 않았습니까?[22] 주자는 내가 스승으로 여기고, 또 천하 사람들이 예나 지금이나 종사로 여기는 분입니다. 이 말씀을 얻은 뒤에는 바야흐로 나의 소견이 크게 잘못되지 않았다고 믿게 되었습니다. 그리고 당초의 정씨의 설 역시 스스로 병폐가 없는 것이니, 꼭 고치지 않아도 될 것 같습니다. 이에 감히 변변치 못한 소견을 대략 진술하여 가르침을 청합니다. 어떻게 생각하는지 잘 모르겠습니다.

만약 이치가 비록 이와 같지만 말하는 사이에 조금이라도 오차가 있어서 선유의 옛 말씀을 쓰는 것만 못하다면, 청컨대 주자의 본설로 대신하고 우리의 설은 버리는 것이 곧 온당할 것 같습니다만, 어떻게 생각합니까?

> 自承示喩, 卽欲獻愚, 而猶不敢自以其所見爲是而無疑, 故久而
> 자승시유, 즉욕헌우, 이유불감자이기소견위필시이무의, 고구이
> 未發. 近因看『朱子語類』論孟子四端處末一條, 正論此事, 其說
> 미발. 근인간『주자어류』론맹자사단처말일조, 정론차사, 기설
> 云: "四端是理之發, 七情是氣之發." 古人不云乎? "不敢自信而
> 운: "사단시리지발, 칠정시기지발." 고인불운호? "불감자신이
> 信其師". 朱子吾所師也, 亦天下古今之所宗師也. 得是說, 然後方

신기사". 주자오소사야, 역천하고금지소종사야. 득시설, 연후방信愚見不至於大謬. 而當初鄭說, 亦自爲無病, 似不須改也. 乃敢신우견부지어대류. 이당초정설, 역자위무병, 사불수개야. 내감粗述其區區以請教焉, 不審於意云何? 若以爲理雖如此, 名言之際조술기구구이청교언, 불심어의운하? 약이위리수여차, 명언지제眇忽有差, 不若用先儒舊說爲善, 則請以朱子本說代之, 而去吾輩묘홀유차, 불약용선유구설위선, 즉청이주자본설대지, 이거오배之說, 便爲穩當矣. 如何如何?

지설, 편위온당의. 여하여하?

퇴계가 고봉에게 답함
사단칠정을 논한 두 번째 편지

앞서 멀리서 보내온 편지와 아울러 사단칠정을 논한 1책[23]을 받게 되니, 어리석고 망령된 나를 버리지 않고 정성스럽게 깨우쳐주는 뜻이 지극히 깊고도 간절하였습니다. 조금 복잡한 일이 있어 그사이 마음을 궁구하고 뜻을 다할 수 없어서 문득 스스로 편리한 대로 대략이나마 우선 답장을 만들어 돌아가는 인편에 부칩니다. 비로소 질병이 조금 나아지는 사이에 음미하여 읽고 뜻을 풀어서 그 실마리의 한두 가지를 엿보고자 하였습니다. 뜻과 의미가 깊고, 인용된 것이 광범위하며, 급한 말과 변론이 끝이 없고 헤아릴 수 없어서, 늙은 사람의 노쇠한 정력으로는 수많은 의리를 포괄할 수 없습니다. 비유하자면, 용문[24]에 물을 터놓고서 조각배로 그 원류를 찾아가고자 하는 것처럼 어렵습니다. 그러나 여러 날 동안 물을 거슬러 올라간 끝에 마치 작은 물줄기의 끝이라도 얻게 된 것이 있으니, 이미 앞서 말한 잘못을 알 수 있게 된 것입니다. 또 이 때문에 새로이 알게 되는 유익함도 있었으니, 강론에서 배운 것이 어찌 적겠습니까? 매우 다행입니다.

> 前者遠垂辱書, 副以論誨四端七情書一册, 其不棄愚妄, 諄諄開曉
> 전자원수욕서, 부이론회사단칠정서일책, 기불기우망, 순순개효
> 之意, 至深切矣. 會値小冗, 不克究心悉意於其間, 輒自徇便, 粗
> 지의, 지심절의. 회치소용, 불극구심실의어기간, 첩자순편, 조
> 先作報, 付回使去後, 始伺疾病稍間, 得以玩讀思繹, 欲窺其緒論
> 선작보, 부회사거후, 시사질병초간, 득이완독사역, 욕규기서론
> 之一二, 則旨意淵深, 援引浩博, 馳辭騁辯, 不窮不測, 以老人衰
> 지일이, 즉지의연심, 원인호박, 치사빙변, 불궁불측, 이노인쇠
> 耗精力, 許多義理, 包羅不得, 譬如決水於龍門而欲以一葦尋其源
> 모정력, 허다의리, 포라부득, 비여결수어룡문이욕이일위심기원
> 流, 其亦難矣. 然其積日沿泝之餘, 若或有得於涓流之末, 則旣有以
> 류, 기역난의. 연기적일연소지여, 약혹유득어연류지말, 즉기유이
> 見其前說之差, 又因以發其新知之益, 學之所資於講論者, 豈少
> 견기전설지차, 우인이발기신지지익, 학지소자어강론자, 기소
> 哉? 幸甚幸甚.
> 재? 행심행심.

이른바 견해가 잘못되었다는 곳은 삼가 이미 고쳐서 앞에 기록하여서 가부를 물었습니다. 그리고 가르침의 처음부터 끝까지 조목에 따라 대답하여 구구한 뜻을 드러내려고도 하였으나, 다만 전후의 여러 설이 서로 얽히고설키어 소통되기가 쉽지 않습니다. 만약 일일이 본문의 순서에 따라 설명하자면 그 세가 산만하고 중복되어 도리어 어두워져서 막히는 데에 이르는 것을 면할 수는 없습니다. 그러므로 삼가 전체를 가지고 각 조목마다 그 큰 요점을 뽑아 같은 것끼리 분류하여 대략 차례를 서술하였습니다. 어리석은 나의 소견으로 다시 헤아려보니, 다르고 같음과 따르고 어기는 사이에 또한 하나로 정리하기 어려운 점이 있습니다. 대개 공의 말에 본래 병폐가 없는데 내가 착각하여 잘못 논의한 것도 있고, 편지를 받고서 나의 말이 타당하지 않다는 것을 스스로 깨달은 것도 있고, 가르쳐준 것이 내가 들은 것과 근본이 같아서 다름이 없는 것도 있고, 근본은 같으나 다른 곳으로 나아간 것도 있고, 의견이 달라서 끝내 서로 따를 수 없는 것도 있으니, 이제 이 다섯 가지를 종류에 따라 나누고 조목에 따라 나열한 것이 다음과 같습니다.

> 所謂說之差者, 謹已修改, 錄在前面, 以稟可否, 而所喩首末, 又
> 소위설지차자, 근이수개, 녹재전면, 이품가부, 이소유수말, 우
> 欲逐一條對, 以見區區之意, 第以前後諸說, 盤錯肯綮, 未易疏剔,
> 욕축일조대, 이견구구지의, 제이전후제설, 반착긍계, 미역소척,

若一一從本文次第而爲之說, 則其勢未免於散漫重複, 反至於霧
약일일종본문차제이위지설, 즉기세미면어산만중복, 반지어무
昏而榛塞. 故謹就全篇, 每條撮其大要, 以類相從, 使略有倫叙, 因
혼이진새. 고근취전편, 매조촬기대요, 이류상종, 사략유륜서, 인
復揆之以愚見, 則其異同從違之際, 又有所難齊者焉. 蓋有來語本
부규지이우견, 즉기이동종위지제, 우유소난제자언. 개유래어본
無病而溷錯看妄論者, 有承誨而自覺己語有失稱停者, 有來誨與
무병이황착간망론자, 유승회이자각기어유실칭정자, 유래회여
鄙聞本同而無異者, 有本同而趣異者, 有見異而終不能從者, 今以
비문본동이무이자, 유본동이추이자, 유견이이종불능종자, 금이
此五者彙分條列如左:
차오자휘분조렬여좌:

제10절 "기가 발현하는 것은 바로 리의 본체가 그러한 것
이다."(변론한 것을 나는 앞의 편지에서 12절로 나누었습니다.)
위의 한 조항은 공의 말에는 본래 병폐가 없는데 내가 착
각하고 잘못 논의했던 것으로, 이제 고쳤습니다. ('금수'은 어
떤 판본에서는 '이已'로 되어 있습니다.)

第十節. 氣之自然發見, 乃理之本體然也. 來辯分溷前書爲十二節.
제십절. 기지자연발현, 내리지본체연야. 내변분황전서위십이절.
右一條來語本無病, 溷錯看妄論者, 今今, 一本, 作已. 改之.

우일조래어본무병, 황착간망론자, 금금, 일본, 작이. 개지.

제6절에 "칠정은 오로지 기만이 아니다"라는 것. 두 번째 논변에서 "정은 비록 대상을 따라서 나오는 것이지만 사실은 속에서부터 나오는 것이다"라는 것. 일곱 번째 논변에서 "칠정은 선악이 정해지지 않았다"라는 것.

제9절 "한쪽만을 가리켜 기만을 말했다"라는 것.

위의 4개 조항은 공의 편지를 받고서 나의 말이 마땅하지 않음을 깨달은 것으로, 이미 고쳤습니다.

第六節. 七情不專是氣之說.

제육절. 칠정부전시기지설.

同節中, 辯曰之二, 情雖緣境, 實由中出之說, 辯曰之七, 善惡未

동절중, 변왈지이, 정수연경, 실유중출지설, 변왈지칠, 선악미

定之說. 第九節. 偏指而獨言氣之說.

정지설. 제구절. 편지이독언기지설.

右四條承誨, 覺己語有失稱停者, 亦已改之.

우사조승회, 각기어유실칭정자, 역이개지.

제1절에 『주자어류』에서 심·성·정을 논한 것을 인용한 세 조항.

제4절에 「주자가 진잠실[25]에게 답한 글」을 인용하여 가리

켜 말하는 것이 같지 않음을 밝힌 것.

제5절에 주자의 설을 인용한 제1조에서 "기와 성이 서로 섞이지 않는다"라는 것을 밝힌 것.

제2조에 "기품이 다르면 천명도 다르니 또한 성이라 하지 않을 수 없음"을 밝힌 것.

제3조에 "하늘이 명한 성은 궁극적인 본원의 성이다"라는 것.

제5조에 "정자와 장자가 비로소 기질을 말했다"라는 것.

제6절에 『중용장구』와 『혹문』, 연평의 설, 정자의 호학론, 주자의 동정설을 인용하여 "모두 칠정이 리와 기를 겸하였다"라는 것을 밝힌 것.

이상 13개 조항은 나의 견문과 본질적으로 같고 다름이 없으므로 이상의 것은 재론하지 않겠습니다.

第一節. 引 『朱子語類』論心·性·情三條.

제일절. 인 『주자어류』론심·성·정삼조.

第四節. 引朱子 「答陳潛室書」, 以明所就而言者不同.

제사절. 인주자 「답진잠실서」, 이명소취이언자부동.

第五節. 引朱子說第一條, 明氣與性不相雜.

제오절. 인주자설제일조, 명기여성불상잡.

第二條, 明氣稟之殊, 天命亦異, 亦不可不謂之性.

제이조, 명기품지수, 천명역이, 역불가불위지성.

第三條, 天命之性, 極本窮原之性.

제삼조, 천명지성, 극본궁원지성.

第五條, 程·張始言氣質.

제오조, 정·장시언기질.

第六節. 引『中庸章句』『或問』「延平說」「程子好學論」「朱子動

제육절. 인『중용장구』『혹문』「연평설」「정자호학론」「주자동

靜說」, 皆明七情兼理氣.

정설」, 개명칠정겸리기.

右十三條, 與鄙聞本同無異, 以上不復論.

우십삼조, 여비문본동무이, 이상불부론.

제1절에 "천지지성은 오로지 리만을 가리킨 것이고 기질지성은 리와 기가 섞인 것으로, 리의 발은 본디 기의 발이니 오로지 기만을 가리킨 것이 아니다"라는 것.

제5절에 "천지와 인간과 사물을 리와 기로 분별하는 것은 성의 측면에서 리가 기 속에 떨어져 있다는 견해와 모순되지 않지만, 만약 정의 측면에서 논한다면 성이 기질 속에 떨어져 리와 기를 겸하게 되고 선과 악이 있게 되기 때문에 분속이 타당하지 않다"라는 것.

제6절의 첫 번째 변론에서 "칠정도 또한 인·의·예·지에서 발한다"라고 한 것. 세 번째 변론에서 "별도의 하나의 정

이 단지 리에서만 나오고 기에서는 나오지 않는 것은 아니다"라는 것. 네 번째 변론에서 "가운데에 리가 없는데 외물이 와서 우연히 서로 감응하여 움직이는 것이 아니니, 외물에 감응하여 움직이는 것은 사단도 같다"라는 것. 다섯 번째 변론에서 "이미 발하면 바로 기를 타고서 운행한다"라고 하면서 "사단도 또한 기"라고 한 것.

제7절에 "그 근원을 미루어보면 원래 두 가지 뜻이 있지 않다"라는 것.

제9절에 "무릇 성을 말한 것은 편벽되게 기만을 가리킨 것이 아니라고 말한 것은 칠정 또한 리와 기를 겸했다"라는 것.

이상 8개 조항은 근본은 같으나 다른 데로 나아간 것입니다.

> 第一節. "天地之性"專指理, "氣質之性"理與氣雜, 是理之發固然
> 제일절. "천지지성" 전지리, "기질지성" 리여기잡, 시리지발고연
> 是氣之發, 非專指氣.
> 시기지발, 비전지기.
> 第五節. 就天地人物上, 分別理氣, 不害就性上論理墮氣中, 若論
> 제오절. 취천지인물상, 분별리기, 불해취성상론리타기중, 약론
> 情則性墮氣質, 兼理氣有善惡, 分屬未安.
> 정측성타기질, 겸리기유선악, 분속미안.
> 第六節. 辯曰之一, 七情亦發於仁義禮智. 辯曰之三, 非別有一情
> 제육절. 변왈지일, 칠정역발어인의예지. 변왈지삼, 비별유일정

但出於理, 不出於氣. 辯曰之四, 非中無是理, 外物偶相感動, 感物
단출어리, 불출어기. 변왈지사, 비중무시리, 외물우상감동, 감물
而動, 四端亦然. 辯曰之五, 旣發, 便乘氣以行云云, 四端亦氣也.
이동, 사단역연. 변왈지오, 기발, 편승기이행운운, 사단역기야.
第七節. 推其向上根源, 元非有兩箇意思.
제칠절. 추기향상근원, 원비유량개의사.
第九節. 凡言性, 不偏指氣云云, 七情亦兼理氣.
제구절. 범언성, 불편지기운운, 칠정역겸리기.
右八條, 本同而趣異.
우팔조, 본동이추이.

  제1절에 "실질은 같으나 이름이 다르니, 칠정 밖에 다시 사단이 있는 것이 아니요, 사단과 칠정에 다른 뜻이 있는 것은 아니다"라는 것.

  제2절에 "넓게 논하면 불가할 것이 없지만, 도표로 드러낸 것은 분석이 너무 심하여 사람들을 그르치게 할까 두렵다"라는 것과, "혹은 선하지 않음이 없다고도 하고 혹은 선과 악이 있다고도 말한 것은 사람들이 두 개의 정이 있고 두 가지의 선이 있다고 의심하도록 만들까 두렵다"라는 것.

  제3절에 (第三의 三은 어떤 책에는 四로 되어 있다.) "보낸 변론에는 사단과 칠정이 각각 근본 내력이 있으니, 단지 말한

것만이 다르지 않을 것이다"라는 것.

제5절에 주자의 설을 인용한 제4조에서 "맹자는 발라내어 말하고 이천은 겸하여 말하였으니 요컨대 떨어질 수 없다는 것이다"라는 것.

제6절의 다섯 번째 변론에서 "보낸 변론에서, 칠정은 밖으로 형기에 감응한 것이니 리의 본체가 아니라고 한다면 매우 불가하다. 만약 그렇다면 칠정은 성 밖에 있는 것이다"라고 한 것과, 맹자의 "기뻐서 잠을 이루지 못했다"라는 구절부터 "어찌 리의 본체가 아니겠는가?"라고 한 것. 일곱 번째 변론에서 "하나라도 있을 적에 살피지 않으면"이라는 구절과 그 끝에 "근본 내력과 주장한 바의 설을 그르다"라고 논한 것.

제12절에 "주자는 심을 리발이라고 오인한 말을 오랜 뒤에야 깨달았다. 이에 리발 기발을 논한 말은 우연히 발언한 것으로, 한쪽만을 가리킨 것이다"라고 한 것.

이상 9개 조항은 의견이 달라 끝내 따를 수 없어서 모두 뒤에서 논변하였습니다.

> 第一節. 同實異名, 非七情外復有四端, 四七非有異義.
>
> 제일절. 동실이명, 비칠정외부유사단, 사칠비유이의.
>
> 第二節. 泛論無不可, 著圖離析太甚, 恐悞人.
>
> 제이절. 범론무불가, 저도리석태심, 공오인.
>
> 或云無不善, 或云有善惡, 恐人疑有兩情有二善.

혹운무불선, 혹운유선악, 공인의유량정유이선.

第三第三之三, 一本, 作四. 節. 如來辯則四七各有所從來, 非但

제삼제삼지삼, 일본, 작사. 절. 여래변즉사칠각유소종래, 비단

言之者不同.

언지자부동.

第五節. 引朱子說第四條, 孟子剔言, 伊川兼言, 要不可離.

제오절. 인주자설제사조, 맹자척언, 이천겸언, 요불가리.

第六節. 辯曰之五, 來辯謂七情外感於形氣, 而非理之本體, 則甚

제육절. 변왈지오, 내변위칠정외감어형기, 이비리지본체, 즉심

不可, 若然者, 七情是性外之物云云, 孟子之"喜而不寐"止"豈非

불가, 약연자, 칠정시성외지물운운, 맹자지"희이불매"지"기비

理之本體耶?" 辯曰之七, "一有之而不能察", 其末, 論所從來與

리지본체야?" 변왈지칠, "일유지이불능찰", 기말, 논소종래여

所主之說之非.

소주지설지비.

第十二節. 朱子錯認心爲已發之語, 久後乃悟, 仍論理發氣發之

제십이절. 주자착인심위이발지어, 구후내오, 잉론리발기발지

語, 爲偶發而偏指.

어, 위우발이편지.

右九條, 見異而終不能從, 以上皆有論辯在後.

우구조, 견이이종불능종, 이상개유론변재후.

보내온 편지의 내용이 비록 종횡으로 변화하고 왕복하면서 달라졌으나, 요약하여 말하면 내가 잘못 본 한 조목을 제외하고 대체로 네 단락이 되며, 네 단락을 또 요약하여 말하면 불과 두 단락이 될 뿐입니다. 왜냐하면 편지를 받고서 타당하지 못함을 깨달은 것은 진실로 모두 본래 같은 부류이며, 본래는 같으나 다른 데로 나아간 것 또한 끝내 따를 수 없는 것으로 귀결되었기 때문입니다. 이를 자세히 말해보겠습니다.

> 來喩雖縱橫變化, 往復百折, 約而言之, 除其錯看一條外, 類成四
> 내유수종횡변화, 왕복백절, 약이언지, 제기착간일조외, 유성사
> 截, 而四截之中, 又約而言之, 不過爲二截而已, 何者? 承誨而覺
> 절, 이사절지중, 우약이언지, 불과위이절이이, 하자? 승회이각
> 失稱停者, 固皆本同之類也, 本同而趨異者, 卒亦同歸於終不能從
> 실칭정자, 고개본동지류야, 본동이추이자, 졸역동귀어종불능종
> 者矣, 請試詳之.
> 자의, 청시상지.

"무릇 리와 기가 서로 떨어지지 않고 칠정이 리와 기를 겸하였다"는 것은 나도 선유의 학설에서 들었습니다. 그러므로 앞의 변론에서 누누이 말하였습니다. 성과 정을 통합하여 논하자면 "리 없는 기가 없고 또한 기 없는 이도 없다"고 하였고, 사단을 논하자면 "심은 진실로 리와 기의 합이다"라고 하

였으며, 칠정을 논하자면 "리가 없는 것은 아니다"라고 하였습니다. 이와 같은 부류는 한두 곳이 아닌데, 나의 소견이 어찌서 제2절 13조에서 논한 변론과 다르다고 합니까? 그러나 다만 제1절 4조의 잘못된 말이 있음을 면치 못하게 된 것은, 천박한 학문으로 마음에서 터득하지 못하고 마음대로 짐작하여 말하였기 때문입니다. 이 때문에 타당함을 잃어 병폐가 되었으니, 이는 매우 두려울 만합니다. 오직 공이 내가 고친 말을 자세히 보면, 가르침을 준 공의 말에서 깨달음을 얻어 이내 본래 같은 뜻으로 돌아온 것을 알 수 있을 것입니다.

주자가 "공영달이 설법[26]을 이해하지 못한 것은 아니나 익숙하지 않았기 때문에 그 말이 틀리기 쉬웠다"[27]고 하였는데, 이것은 군자가 남을 헤아리는 논의입니다. 그러나 내가 학문을 논하는 데에 이와 같이 쉽게 틀리는 것은 이 마음이 진실로 알지 못하였기 때문이니, 바로 마땅히 알지 못함을 자처하고 입을 다물고 말을 하지 않는 것이 옳습니다. 그러나 이미 이견이 없을 수 없는데도 그 말을 다 하지 않는다면, 이 또한 학문을 강론하고 연마하여 더욱 보탬이 되기를 구하는 방도가 아닙니다. 그러므로 의견이 같은 앞의 두 단락은 논하지 않고, 뒤의 두 단락에 대해서 감히 구구히 의견을 같이할 수 없는 뜻만을 논하고자 합니다.

夫理氣之不相離, 七情之兼理氣, 滉亦嘗與聞於先儒之說矣. 故前

부리기지불상리, 칠정지겸리기, 황역상여문어선유지설의. 고전
辯之中, 累累言之, 如統論性情則曰: "未有無理之氣, 亦未有無氣
변지중, 누누언지, 여통론성정즉왈: "미유무리지기, 역미유무기
之理"; 如論四端則曰: "心固理氣之合"; 論七情則曰: "非無理也,"
지리"; 여론사단즉왈: "심고리기지합"; 논칠정즉왈: "비무리야."
如此之類, 不一而足, 是鄙人所見, 何以異於第二截十三條之
여차지류, 불일이족, 시비인소견, 하이이어제이절십삼조지
所論乎? 然而未免有第一截四條之差說者, 口耳之學, 無得於心,
소론호? 연이미면유제일절사조지차설자, 구이지학, 무득어심,
而揣摩以爲言, 所以失於稱停而有病痛, 此深可恐懼也. 惟公詳其
이췌마이위언, 소이실어칭정이유병통, 차심가공구야. 유공상기
所改之語, 則其有得於誨語, 而旋歸於本同之旨可知耳.
소개지어, 즉기유득어회어, 이선귀어본동지지가지이.
朱子謂孔穎達非不解揲法, 但爲之不熟, 故其言之易差. 此則君子
주자위공영달비불해설법, 단위지불숙, 고기언지역차. 차즉군자
恕人之論也, 若滉論學而易差如此者, 乃是心不能眞知之故, 正當
서인지론야, 약황론학이역차여차자, 내시심불능진지지고, 정당
以不知自處, 而閉口不談, 可也. 然旣不能無所異, 而不竟其說,
이부지자처, 이폐구불담, 가야. 연기불능무소이, 이불경기설,
則又非講磨求益之道, 故其前二截同者不論, 而於後二截者, 敢論
즉우비강마구익지도, 고기전이절동자불론, 이어후이절자, 감론

其所以不得苟同之意焉.

기소이부득구동지의언.

"무릇 사단에 기가 없는 것이 아니고 칠정에 리가 없는 것이 아니다"라는 점은 단지 그대만 말한 것은 아닙니다. 나 역시 그렇게 말하였으며, 우리 두 사람만 그렇게 말하였을 뿐이 아니고 선유도 이미 그렇게 말하였습니다. 선유께서 억지로 그렇게 말한 것이 아니라, 하늘이 부여한 바와 사람이 받은 바의 원류와 맥락이 본래 그러한 것입니다. 그러나 그대와 나의 소견이 처음에는 같으나 마지막에 달라진 것은 다른 이유가 아닙니다. 그대는 "사단과 칠정이 모두 리와 기를 겸하였으므로 실지는 같으나 이름만 다른 것이니, 리와 기로 분속할 수 없다"고 말하였습니다. 나의 생각으로는 다른 가운데 나아가 같음이 있는 것을 알기 때문에 두 가지는 본래 대부분 혼륜하여 말한 것이며, 같은 가운데 나아가 다름이 있음을 안다면 두 가지는 나아가 말한 것이 본래 스스로 주리와 주기의 다름이 있는데, 어째서 분속하는 것이 불가능하겠습니까? 이 이치는 앞서 한 말이 비록 하자가 있을지는 모르지만, 요지는 실로 근본 내력이 있는 것입니다. 많은 변론에서는 한결같이 모두 배척하여 단편적인 말이나 글자로는 완전할 수 없었습니다. 지금 비록 다시 설명하여 그러한 까닭을 밝힌다 하더라도 믿음을 취하는 데는 도움이 없고, 단지 아옹다옹하는 과오를 저지르게 될까 염려스럽습니다.

夫四端非無氣, 七情非無理, 非徒公言之, 滉亦言之, 非徒吾二人
부사단비무기, 칠정비무리, 비도공언지, 황역언지, 비도오이인
言之, 先儒已言之, 非先儒强而言之, 乃天所賦人所受之源流脈絡
언지, 선유이언지, 비선유강이언지, 내천소부인소수지원류맥락
固然也. 然其所見始同而終異者無他. 公意以謂四端七情, 皆兼理
고연야. 연기소견시동이종이자무타. 공의이위사단칠정, 개겸리
氣, 同實異名, 不可以分屬理氣. 滉意以謂就異中而見其有同, 故
기, 동실이명, 불가이분속리기. 황의이위취이중이견기유동, 고
二者固多有渾淪言之; 就同中而知其有異, 則二者所就而言, 本自
이자고다유혼륜언지; 취동중이지기유이, 즉이자소취이언, 본자
有主理主氣之不同, 分屬何不可之有? 斯理也, 前日之言, 雖或有
유주리주기지부동, 분속하불가지유? 사리야, 전일지언, 수혹유
疵, 而其宗旨則實有所從來, 盛辯一皆詆斥, 無片言隻字之得完.
자, 이기종지즉실유소종래, 성변일개저척, 무편언척자지득완.
今雖更有論說, 以明其所以然之故, 恐其無益於取信, 而徒得嘵嘵
금수갱유론설, 이명기소이연지고, 공기무익어취신, 이도득효효
之過也.
지과야.

가르쳐주신 말씀에 "천지지성은 오로지 리만을 가리킨 것이며 기질지성은 리와 기가 섞인 것이니, 리발理發이라는 것은 진실로 그러하지만, 기발이라는 것은 오로지 기만을 가리킨 것이 아니다"라고 한 데 대하여.

내 생각에는, 천지의 성은 진실로 오로지 리만을 가리킨 것인데, 이 경우 다만 리만 있고 도리어 기는 없는 것인지 모르겠습니다. 천하에 기 없는 리가 없으니 단지 리만 있는 것이 아닙니다. 그러나 오히려 오로지 리만을 가리켜 말할 수 있다면 기질지성은 비록 리와 기가 섞여 있다고는 하지만, 어찌 기만을 가리켜 말할 수가 없겠습니까? 하나는 리가 주가 되기 때문에 리에 나아가 말하였고, 하나는 기가 주가 되기 때문에 기에 나아가 말한 것뿐입니다. 사단은 기가 없는 것이 아닌데도 다만 리발이라 하고, 칠정은 리가 없는 것이 아닌데도 다만 기발이라 한 것은, 그 뜻이 또한 이와 같은 것입니다. 공은 리발에 대하여는 바꿀 수 없다고 하고, 기발에 대하여는 오로지 기만을 가리킨 것이 아니라고 하여, 같은 말을 절단하여 두 가지로 만들어보는 것은 무엇 때문입니까? 만약 실제로 오로지 기만을 가리킨 것이 아니고 리를 겸하여 가리킨 것이라면, 주자는 이에 대하여 반드시 리발과 대립해서 거론하여 두 가지로 중첩시켜 말하지 않았을 것입니다.

"辯誨曰, 天地之性, 專指理, 氣質之性, 理與氣雜, 是理之發, 固

"변회왈, 천지지성, 전지리, 기질지성, 리여기잡, 시리지발, 고연, 是氣之發, 非專指氣."

연, 시기지발, 비전지기."

滉謂, 天地之性固專指理, 不知此際只有理還無氣乎! 天下未有無 황위, 천지지성고전지리, 부지차제지유리환무기호! 천하미유무 氣之理, 則非只有理, 然猶可以專指理言, 則氣質之性, 雖雜理氣, 기지리, 즉비지유리, 연유가이전지리언, 즉기질지성, 수잡리기, 寧不可指氣而言之乎? 一則理爲主, 故就理言; 一則氣爲主, 故就 영불가지기이언지호? 일즉리위주, 고취리언; 일즉기위주, 고취 氣言耳. 四端非無氣, 而但云理之發, 七情非無理, 而但云氣之發, 기언이. 사단비무기, 이단운리지발, 칠정비무리, 이단운기지발, 其義亦猶是也. 公於理發則以爲不可易, 氣發則以爲非專指氣, 將 기의역유시야. 공어리발즉이위불가역, 기발즉이위비전지기, 장 一樣語, 截作兩樣看, 何耶? 若實非專指氣而兼指理, 則朱子於此, 일양어, 절작량양간, 하야? 약실비전지기이겸지리, 즉주자어차, 不應與理之發者對擧, 而幷疊言之矣.

불응여리지발자대거, 이병첩언지의.

가르쳐주신 말씀에 "천지와 인간과 사물에 나아가 리와 기로 나누는 것은 성의 측면에서 리가 기질 속에 떨어져 있다는 것과 모순되지 않지만, 만일 정을 논하면 성이 기질 속에 떨어져 리와 기를 겸하고 선과 악이 있게 되기 때문에 분속이 타당하지 않다"고 한 데 대하여.

내 생각에는, 천지와 인간과 사물에 나아가 보건대 또한 리가 기 밖에 있는 것이 아니지만, 오히려 분별하여 말할 수 있다면 성과 정에 대하여도 비록 리가 기 속에 있고 성이 기질에 있다 하더라도 어찌 분별하여 말할 수 없겠습니까? 대개 사람의 몸은 리와 기가 합쳐져 생겨난 것입니다. 그렇기 때문에 두 가지가 서로 발하고 작용하게 되고, 그 발하는 것 또한 서로 기다리는 것입니다. 서로 발한다면 각각 주가 되는 것이 있음을 알 수 있으며, 서로 기다린다면 함께 그 가운데에 있음을 알 수 있습니다. 서로 그 가운데에 있기 때문에 혼륜하여 말하는 가운데에도 각각 주가 되는 것이 있으므로 분별하여 말하여도 됩니다. 성을 논하자면 리가 기 속에 있으니, 자사와 맹자는 본연지성을 가리켜 내었고 정자와 장자는 기질지성을 가리켜 논하였습니다. 정을 논하자면 성이 기질 속에 있으니, 각각 발하는 것에 나아가 사단과 칠정의 근본 내력을 분별하는 것이 유독 불가능하겠습니까? 리와 기를 겸하고 선과 악이 있는 것은 단지 정뿐만이 아니라 성 또한 그러합니다. 그러나 어찌 이것이 분별할 수 없는 증거가 되겠습니까? (리가 기 속에 있다는 점으로 말했기 때문에 성 또한 그러합니다.)

"辯誨曰, 就天地人物上, 分理與氣, 不害就性上論理墮在氣中, 若

"辨誨曰, 就天地人物上, 分理與氣, 不害就性上論理墮在氣中, 若論情則性墮在氣質, 兼理氣有善惡, 分屬未安."

론정즉성타재기질, 겸리기유선악, 분속미안."

滉謂, 就天地人物上看, 亦非理在氣外, 猶可以分別言之, 則於性
황위, 취천지인물상간, 역비리재기외, 유가이분별언지, 즉어성
於情, 雖曰理在氣中, 性在氣質, 豈不可分別言之? 蓋人之一身,
어정, 수왈리재기중, 성재기질, 기불가분별언지? 개인지일신,
理與氣合而生, 故二者互有發用, 而其發又相須也. 互發則各有
리여기합이생, 고이자호유발용, 이기발우상수야. 호발즉각유
所主可知; 相須則互在其中可知. 互在其中, 故渾淪言之者, 固有
소주가지; 상수즉호재기중가지. 호재기중, 고혼륜언지자, 고유
之各有所主, 故分別言之而無不可. 論性而理在氣中, 思·孟猶
지각유소주, 고분별언지이무불가. 논성이리재기중, 사·맹유
指出本然之性, 程·張猶指論氣質之性; 論情而性在氣質, 獨不
지출본연지성, 정·장유지론기질지성; 논정이성재기질, 독불
可各就所發而分四端七情之所從來乎? 兼理氣有善惡, 非但情爾,
가각취소발이분사단칠정지소종래호? 겸리기유선악, 비단정이,
性亦然矣. 然安得以是爲不可分之驗耶? 從理在氣中處言, 故云
성역연의. 연안득이시위불가분지험야? 종리재기중처언, 고운
性亦然矣.
성역연의.

가르쳐주신 말씀에 "칠정도 인·의·예·지에서 발한다"고 한 데 대하여.

내 생각에는, 이것은 곧 이른바 다름에서 같음을 본다는 것이니 사단과 칠정은 혼합하여 말할 수 있습니다. 그러나 단지 같음만 있고 다름이 없다고 말할 수는 없습니다.

"辯誨曰, 七情亦發於仁·義·禮·智."

"변회왈, 칠정역발어인·의·예·지."

滉謂, 此卽所謂就異而見同, 則二者可渾淪言之者也, 然不可謂只
황위, 차즉소위취이이견동, 즉이자가혼륜언지자야, 연불가위지
有同而無異耳.
유동이무이이.

가르쳐주신 말씀에 "별도로 하나의 정이 있어 단지 리에서만 나오고 기에서는 나오지 않는 것이 아니다"라고 한 것에 대하여.

내 생각에는, 사단이 발함에 있어 진실로 기가 없을 수 없습니다. 그러나 맹자가 가리킨 바는 실제 기에서 발한 것이라는 데에 있지 않았으니, 만약 기를 겸하여 가리킨 것이라면 이미 사단이라고 다시 부를 수 없습니다. 그런데 가르쳐주신 말씀에는 또한 어째서 사단이 리발理發이란 것은 바꿀 수 없다고 하였습니까?

"辯誨曰, 非別有一情, 但出於理而不出於氣."

"변회왈, 비별유일정, 단출어리이불출어기."

滉謂, 四端之發, 固曰非無氣, 然孟子之所指, 實不在發於氣處,
황위, 사단지발, 고왈비무기, 연맹자지소지, 실부재발어기처,
若曰兼指氣, 則已非復四端之謂矣. 而辯誨又何得以四端是理之
약왈겸지기, 즉이비부사단지위의. 이변회우하득이사단시리지
發者, 爲不可易耶?
발자, 위불가역야?

가르쳐주신 말씀에 "속에 이 이치가 없이 외물에 우연히 서로 감동하는 것이 아니니, 사물에 감응되어 움직이는 것은 사단도 역시 그러하다"고 한 데 대하여.

내 생각에는, 이 말은 진실로 그러합니다. 그러나 이 문단에 인용된 「악기」에 대한 주자의 설은 모두 이른바 혼합하여 말한 것이므로 이것으로 분별하여 말한 것을 공박한다면 할 말이 없지 않습니다. 그러나 이른바 분별하여 말한 것 또한 내가 있지도 않은 말을 아무렇게 만들어낸 것이 아닙니다. 천지간에는 원래 이러한 이치가 있고, 옛사람들도 원래 이러한 말을 하였습니다. 지금 반드시 하나만을 고집하고 다른 하나는 폐하고자 하니, 이는 편벽된 것이 아니겠습니까? 대개 혼륜하여 말하면 칠정이 리와 기를 겸하였다는 것은 많은 말을

기다리지 않고도 명백합니다. 만일 칠정을 사단과 짝하여 각각 구분하여 말하면, 기에 관한 칠정은 마치 리에 관한 사단과 같습니다. 그 발하는 것이 각각 혈맥이 있고, 그 이름이 각각 가리키는 것이 있게 됩니다. 그렇기 때문에 그 주된 것에 따라서 분속할 수 있을 뿐입니다. 비록 나 역시 칠정이 리의 간여 없이 외물이 서로 우연히 모여 감동하는 것이라고 말하지는 않았습니다. 그리고 사단이 사물에 감응하여 움직이는 것은 진실로 칠정과 다르지 않습니다. 그러나 사단은 리가 발함에 기가 따르고, 칠정은 기가 발함에 리가 타는 것일 뿐입니다.[28]

> "辯誨曰, 非中無是理, 外物偶相感動, 感物而動, 四端亦然."
> "변회왈, 비중무시리, 외물우상감동, 감물이동, 사단역연."
> 滉謂, 此說固然. 然此段所引「樂記」·朱子之說, 皆所謂 "渾淪言
> 황위, 차설고연. 연차단소인「악기」·주자지설, 개소위 "혼륜언
> 之"者, 以是攻分別言之者, 不患無其說矣. 然而所謂分別言者, 亦
> 지"자, 이시공분별언지자, 불환무기설의. 연이소위분별언자, 역
> 非溷鑿空杜撰之論, 天地間元有此理, 古之人元有此說, 今必欲執
> 비황착공두찬지론, 천지간원유차리, 고지인원유차설, 금필욕집
> 一而廢一, 無乃偏乎? 蓋渾淪而言, 則七情兼理氣, 不待多言而明
> 일이폐일, 무내편호? 개혼륜이언, 즉칠정겸리기, 부대다언이명
> 矣. 若以七情對四端, 而各以其分言之, 七情之於氣, 猶四端之於

의. 약이칠정대사단, 이각이기분언지, 칠정지어기, 유사단지어
理也. 其發各有血脈, 其名皆有所指, 故可隨其所主而分屬之耳.
리야. 기발각유혈맥, 기명개유소지, 고가수기소주이분속지이.
雖渾亦非謂七情不干於理, 外物偶相湊著而感動也. 且四端感物
수황역비위칠정불간어리, 외물우상주저이감동야. 차사단감물
而動, 固不異於七情, 但四則理發而氣隨之, 七則氣發而理乘之耳.
이동, 고불이어칠정, 단사즉리발이기수지, 칠즉기발이리승지이.

가르쳐주신 말씀에 "이미 발했다면 곧 기를 타고 운행되는 것이다. ……사단도 또한 기이다"라고 한 데 대하여.

내 생각에는, 사단이 기라는 것을 앞과 뒤에서 누차 말하였고 여기서도 또한 주자의 제자가 물었던 말을 인용하였으니 더욱 분명합니다. 그렇다면 공은 맹자가 말한 사단 또한 기氣의 발發로 보십니까? 가령 기발로 본다면, 이른바 인지단·의지단이라는 인의예지 네 글자는 응당 어떻게 보아야 하겠습니까? 만일 이같이 기가 포함된 것으로 본다면 순수한 천리의 본연이 아닙니다. 만일 순수한 천리라고 본다면 그 발하는 단서는 정녕 화니대수[29]한 사물과 일이 아닙니다. 공은 아마도 인·의·예·지를 미발한 때를 지칭하는 것으로 생각했기 때문에 순리라 여기고, 사단은 이발已發 이후를 지칭하는 것으로서 기가 아니면 행해질 수 없기 때문에 역시 기라고

여긴 듯싶습니다. 내 생각에는 사단도 비록 기를 탄다고 말할 수는 있으나, 맹자가 가리킨 것은 기를 타는 데에 있지 않고 다만 순수한 리가 발하는 데에 있습니다. 그렇기 때문에 인지단·의지단이라고 하였고, 후현들도 발라내어 선한 측면만을 말했을 뿐입니다. 반드시 도는 기를 겸한 것이라고 말하게 될 때는 이미 흙탕물을 건넌 것이니, 이런 등등의 말들은 모두 드러낼 수 없습니다. 옛사람은 사람이 말을 타고 출입하는 것으로 리가 기를 타고 가는 것을 비유하였으니, 참으로 적절합니다. 대개 사람은 말이 아니면 출입할 수 없고 말은 사람이 아니면 길을 잃게 되니, 사람과 말은 서로 따르고 서로 떨어질 수 없는 것입니다. 사람들은 이를 가리켜 말하기를, 혹 넓은 의미로 그것이 가는 것을 가리켜 말하면 사람과 말이 모두 그 가운데 있으니 사단과 칠정을 혼륜하여 말하는 것이 이와 같습니다. 혹 사람이 가는 것을 가리켜 말하면 반드시 말을 함께 이야기하지 않더라도 말이 가는 것이 그 가운데에 있으니 사단이 이와 같습니다. 혹 말이 가는 것을 가리켜 말하면 사람을 반드시 함께 이야기하지 않더라도 사람이 가는 것도 그 가운데에 있으니 칠정이 이와 같습니다. 공은 내가 분별하여 사단과 칠정을 말하는 것을 보고 매양 혼륜하여 말한 것을 인용하여 공격하니, 이는 어떤 사람이 "사람도 가고 말도 간다"고 말하는 것을 보고서 사람과 말은 하나이니 나누어 말할 수 없다고 역설하는 것입니다. 내가 기발로써 칠정을 말하는 것을 보고 리발理發을 역설하니, 이는 어떤 사람이 "말이 간다"고 하는 말을 듣고는 반드시 사람도 간다고 하는 것입니다. 내가 리발로써 사단을 말하는 것을 보고서 또한 기발을 역설하니, 이는 어떤 이가 "사람이 간다"고 말하는 것을 듣고는 반드시 말도 간다고 하는 것입니다. 이것은 바로 주자가 말한 숨바꼭질이라는 것과 흡사하다고 여겨지는데, 어떻게 생각합니까?

"辯誨曰, 旣發便乘氣以行云云, 四端亦氣也."

"변회왈, 기발편승기이행운운, 사단역기야."

滉謂, 四端亦氣, 前後屢言之, 此又引朱子弟子問之說, 固甚分曉, 황위, 사단역기, 전후누언지, 차우인주자제자문지설, 고심분효, 然則公於孟子說四端處, 亦作氣之發看耶? 如作氣之發看, 則所謂 연즉공어맹자설사단처, 역작기지발간야? 여작기지발간, 즉소위 仁之端·義之端, 仁·義·禮·智四字, 當如何看耶? 如以些兒氣 인지단·의지단, 인·의·예·지사자, 당여하간야? 여이사아기 參看, 則非純天理之本然. 若作純天理看, 則其所發之端, 定非和 참간, 즉비순천리지본연. 약작순천리간, 즉기소발지단, 정비화 泥帶水底物事, 公意以仁義禮智是未發時名, 故爲純理, 四端是已 니대수저물사, 공의이인의예지시미발시명, 고위순리, 사단시이 發後名, 非氣不行, 故亦爲氣耳. 愚謂四端雖云乘氣, 然孟子所指,

발후명, 비기불행, 고역위기이. 우위사단수운승기, 연맹자소지, 不在乘氣處, 只在純理發處. 故曰: 仁之端·義之端, 而後賢亦曰: 부재승기처, 지재순리발처. 고왈: 인지단·의지단, 이후현역왈: 剔撥而言善一邊爾. 必若道兼氣言時, 已涉於泥水, 此等語言, 皆 척발이언선일변이. 필약도겸기언시, 이섭어니수, 차등어언, 개 著不得矣. 古人以人乘馬出入, 比理乘氣而行, 正好. 蓋人非馬 저부득의. 고인이인승마출입, 비리승기이행, 정호. 개인비마 不出入, 馬非人失軌途, 人馬相須不相離. 人有指說此者, 或泛指 불출입, 마비인실궤도, 인마상수불상리. 인유지설차자, 혹범지 而言其行, 則人馬皆在其中, 四七渾淪而言者, 是也. 或指言人行, 이언기행, 즉인마개재기중, 사칠혼륜이언자, 시야. 혹지언인행, 則不須幷言馬, 而馬行在其中, 四端是也; 或指言馬行, 則不須幷 즉불수병언마, 이마행재기중, 사단시야; 혹지언마행, 즉불수병 言人, 而人行在其中, 七情是也. 公見滉分別而言四七, 則每引渾 언인, 이인행재기중, 칠정시야. 공견황분별이언사칠, 즉매인혼 淪言者以攻之, 是見人說人行馬行, 而力言人馬一也, 不可分說 륜언자이공지, 시견인설인행마행, 이력언인마일야, 불가분설 也. 見滉以氣發言七情, 則力言理發, 是見人說馬行, 而必曰人行 야. 견황이기발언칠정, 즉력언리발, 시견인설마행, 이필왈인행 也; 見滉以理發言四端, 則又力言氣發, 是見人說人行, 而必曰馬 야; 견황이리발언사단, 즉우력언기발, 시견인설인행, 이필왈마

行也. 此正朱子所謂與"迷藏之戲"相似, 如何如何?

행야. 차정주자소위여"미장지희" 상사, 여하여하?

가르쳐주신 말씀에 "그 위로 근원을 미루어보면 원래 두 가지 뜻이 있는 것이 아니다"라고 한 데 대하여.

내 생각에는, 같은 곳에 나아가 논하면 두 가지가 있지 않다는 말이 그럴 듯합니다. 만약 두 가지를 대립시켜 거론하여 근원을 미루어 올라가 본다면 실제로 리와 기의 구분이 있는데, 어찌 다른 뜻이 있는 것이 아니라고 말할 수 있겠습니까?

> "辯誨曰, 推其向上根源, 元非有兩箇意思."
>
> "변회왈, 추기향상근원, 원비유량개의사."
>
> 滉謂, 就同處論, 則非有兩箇者似矣. 若二者對擧, 而推其向上根
>
> 황위, 취동처론, 즉비유량개자사의. 약이자대거, 이추기향상근
>
> 源, 則實有理氣之分, 安得謂非有異義耶?
>
> 원, 즉실유리기지분, 안득위비유이의야?

가르쳐주신 말씀에 "무릇 성이라는 것은 편벽되게 기만을 가리킨 것이 아닌데, 지금 편벽되게 가리켜 유독 기만을 말하였다고 하였으니, 아마도 옳지 않은 듯합니다"와 "자사가 중화를 논한 것은 혼륜하여 말한 것이니 칠정이 어찌 리와 기를

겸한 것이 아니겠습니까?"라고 한 데 대하여.

내 생각에는, 성을 말함에 있어 기를 가리켜 말한 것이 없지 않지만, 다만 나의 말에 편, 독 두 글자가 과연 병폐가 있는 듯합니다. 그러므로 가르침에 힘입어 이미 고쳤습니다. 그러나 칠정이 리와 기를 겸하여 혼륜된 것이라는 말과는 가리킨 것이 본래 같지 않습니다. 지금 이것으로 나의 말에 출입이 없을 수 없다고 여기고 있으나 사실은 출입의 문제가 아니고, 가리킨 것이 같지 않았기 때문에 말도 다르지 않을 수 없었을 뿐입니다.

> "辯誨曰, 凡言性者, 不偏指氣, 今謂偏指而獨言氣, 恐未然. 且辯
> "변회왈, 범언성자, 불편지기, 금위편지이독언기, 공미연. 차변
> 曰, 子思之論中和, 渾淪言之, 則七情豈非兼理氣乎?"
> 왈, 자사지론중화, 혼륜언지, 즉칠정기비겸리기호?"
> 滉謂, 言性非無指氣而言者, 但鄙說偏獨二字, 果似有病, 故依諭
> 황위, 언성비무지기이언자, 단비설편독이자, 과사유병, 고의유
> 已改之矣. 然與七情兼理氣渾淪言者, 所指本自不同, 今以是爲鄙
> 이개지의. 연여칠정겸리기혼륜언자, 소지본자부동, 금이시위비
> 說之不能無出入, 其實非出入也, 指旣不同, 言不得不異耳.
> 설지불능무출입, 기실비출입야, 지기부동, 언부득불이이.

가르쳐주신 말씀에 "실제는 같으면서 명칭이 다른 것이

지, 칠정 밖에 다시 사단이 있는 것이 아니니, 사단과 칠정에는 다른 뜻이 없다"라고 한 데 대하여.

내 생각에는, 같은 가운데에 나아가 실제로는 리발理發과 기발의 구분이 있음을 알 수 있으므로 이름을 달리한 것뿐입니다. 만일 본래 다른 바가 없다면 어찌 다른 명칭이 있겠습니까? 그러므로 비록 칠정 밖에 다시 사단이 있다고 할 수는 없으나, 만일 드디어 (사단과 칠정에) 다른 뜻이 없다고 한다면 아마도 옳지 않은 듯싶습니다.

"辯誨曰, 同實異名, 非七情外復有四端, 四七非有異義."

"변회왈, 동실이명, 비칠정외부유사단, 사칠비유이의."

滉謂, 就同中而知實有理發氣發之分, 是以異名之耳. 若本無所異,

황위, 취동중이지실유리발기발지분, 시이이명지이. 약본무소이,

則安有異名乎? 故雖不可謂七情之外復有四端, 若遂以爲非有

즉안유이명호? 고수불가위칠정지외부유사단, 약수이위비유

異義, 則恐不可也.

이의, 즉공불가야.

가르쳐주신 말씀에 "넓게 논하여 사단은 리에서 발하고 칠정은 기에서 발한다고 하는 것이 본래 불가능하지는 않지만, 도표를 만들어 사단을 리권理圈에 놓고 칠정을 기권氣圈에 놓은 것은 분리하고 분석한 것이 너무 심하여, 사람들을

오해하도록 하는 것이 심하다"라고 한 데 대하여.

내 생각에는, 옳다면 모두 옳고 옳지 않다면 모두 옳지 않으니, 어찌 넓게 논하면 두 가지 발하는 것으로 나누는 것이 가능하고, 도표로 만들면 둘로 나누어놓는 것이 불가능하겠습니까? 하물며 도표 중의 사단과 칠정은 실제로 같은 권내에 있으나 약간의 표리가 있으므로 나누어 그 옆에다 주석을 실었을 뿐이니, 처음부터 각각 다른 권으로 나누어놓은 것은 아닙니다.

> "辯誨曰, 泛論曰 '四端發於理, 七情發於氣', 固無不可, 著圖而置
> "변회왈, 범론왈 '사단발어리, 칠정발어기', 고무불가, 저도이치
> 四於理圈, 置七於氣圈, 離析太甚, 悞人甚矣."
> 사어리권, 치칠어기권, 이석태심, 오인심의."
>
> 滉謂, 可則皆可, 不可則皆不可, 安有泛論則分二發而無不可, 著
> 황위, 가즉개가, 불가즉개불가, 안유범론즉분이발이무불가, 저
> 圖則分二置而獨爲不可乎? 況圖中四端七情, 實在同圈, 略有表裏,
> 도즉분이치이독위불가호? 황도중사단칠정, 실재동권, 약유표리,
> 而分註其旁云耳, 初非分置各圈也.
> 이분주기방운이, 초비분치각권야.

가르쳐주신 말씀에 "혹 선하지 않음이 없다고도 말하고, 혹 선과 악이 있다고도 말하였으니, 아마도 사람들이 마치 두

가지의 정이 있고 두 가지의 선이 있는 것처럼 생각할 것 같다"라고 한 데 대하여.

나는 "사단은 순수한 리이기 때문에 선하지 않음이 없고, 칠정은 기를 겸하였기 때문에 선과 악이 있다"고 말하였는데, 이 말은 본래 이치에 어긋난 말이 아닙니다. 지혜로운 자는 같은 데에 나아가 다른 것을 알고 또한 다름으로 인하여 같은 것을 알 수 있으니, 어찌 알지 못하는 자가 잘못 인식할 것을 근심하여 이치에 맞는 말을 없애겠습니까? 그러나 지금 도표에는 단지 주자의 말씀만 인용하였기 때문에 이 말은 이미 없앴습니다.

> "辯誨曰, 或云無不善, 或云有善惡, 恐人疑若有兩情有二善."
> "변회왈, 혹운무불선, 혹운유선악, 공인의약유량정유이선."
> 滉謂, 純理故無不善; 兼氣故有善惡, 此言本非舛理也. 知者就同
> 황위, 순리고무불선; 겸기고유선악, 차언본비천리야. 지자취동
> 而知異, 亦能因異而知同, 何患於不知者錯認, 而廢當理之言乎?
> 이지이, 역능인이이지동, 하환어부지자착인, 이폐당리지언호?
> 但今於圖上, 只用朱子說, 故此語已去之耳.
> 단금어도상, 지용주자설, 고차어이거지이.

가르쳐주신 말씀에 "보내주신 변론에는 사단과 칠정이 각각 근본 내력이 있으니, 비단 말한 것만이 다를 뿐이 아니다"

라고 한 데 대하여.

내 생각에는, 비록 같은 정이지만 근본 내력의 다름이 없지 않을 수 없습니다. 그렇기 때문에 이전에 말씀하신 것도 같지 않음이 있는 것입니다. 만약 근본 내력이 본래 다르지 않다면 말한 것이 무엇 때문에 같지 않겠습니까? 공자 문하에서는 충분히 갖추어 말씀하지 않았고 자사는 그 전체를 말씀하셨으니, 여기서는 진실로 근본 내력의 설을 쓰지 않았으나, 맹자가 발라내어 사단을 설명할 때에 이르러 어찌 '리발'이라는 한쪽 측면만을 가리켜 말하는 것이 불가능하겠습니까? 사단의 근본 내력이 리라고 한다면 칠정의 근본 내력은 기가 아니고 무엇이겠습니까?

> "辯誨曰, 如來辯則四七各有所從來, 非但言之者不同也."
>
> "변회왈, 여래변즉사칠각유소종래, 비단언지자부동야."
>
> 滉謂, 雖同是情而不無所從來之異, 故昔之言之者有不同矣. 若所
> 황위, 수동시정이불무소종래지이, 고석지언지자유부동의. 약소
> 從來本無異, 則言之者何取而有不同耶? 孔門未備言, 子思道其全,
> 종래본무이, 즉언지자하취이유부동야? 공문미비언, 자사도기전,
> 於此固不用所從來之說, 至孟子剔撥而說四端時, 何可不謂指
> 어차고불용소종래지설, 지맹자척발이설사단시, 하가불위지
> 理發一邊而言之乎? 四之所從來旣是理, 七之所從來非氣而何?
> 리발일변이언지호? 사지소종래기시리, 칠지소종래비기이하?

가르쳐주신 말씀에, 주자의 말을 인용하여 "맹자는 발라내어 말하였고 정이천은 기질을 겸하여 말하였는데, 요지는 서로 떨어질 수 없다는 것이다"라고 한 데 대하여.

내 생각에, 공이 인용한 이 말은 성이 떨어질 수 없다는 것을 말함으로써 정이 분리될 수 없다는 점을 밝힌 것일 뿐입니다. 그러나 위 문장에서 인용한 주자의 말에 "성이 비록 바야흐로 기 속에 있으나, 기는 스스로 기이고 성은 스스로 성이어서 또한 서로 껴들거나 섞이지 않는다"[30]라고 하지 않았습니까? 내 생각에 주자는 맹자가 발라내어 말한 것과 정이천의 겸하여 말한 자리에 나아가 "요지는 서로 떨어질 수 없다는 것이다"라고 말하였으니, 즉 내가 "다른 속에서 같음이 있음을 본다"고 말한 것입니다. 그리고 성이 기 가운데 있는 부분에 나아가 "기는 기이고 성은 성이어서 서로 껴들거나 섞이지 않는다"고 한 것은, 바로 내가 "같은 속에서 다름이 있음을 안다"고 말한 것입니다.

"辯誨引朱子說, 孟子剔而言之, 伊川兼氣質而言, 要不可離."

"변회인주자설, 맹자척이언지, 이천겸기질이언, 요불가리."

滉謂, 公之引此, 蓋言性之不可離, 以明情之不可分耳. 然上文所

황위, 공지인차, 개언성지불가리, 이명정지불가분이. 연상문소

引朱子說, 不曰: "性雖其方在氣中, 然氣自是氣·性自是性, 亦不

인주자설, 불왈: "성수기방재기중, 연기자시기·성자시성, 역불

相夾雜"云乎. 妄意朱子就孟子剔言, 伊川兼言處而言, 則曰要不
상협잡"운호. 망의주자취맹자척언, 이천겸언처이언, 즉왈요불
可離, 卽滉所謂異中見其有同也; 就性在氣中而言, 則曰氣自氣·
가리, 즉황소위이중견기유동야; 취성재기중이언, 즉왈기자기·
性自性, 不相夾雜, 卽滉所謂同中知其有異也.
성자성, 불상협잡, 즉황소위동중지기유이야.

가르쳐주신 말씀에 "보내주신 변론에 '칠정은 밖으로 형기에 감응된 것으로, 리의 본체가 아니다'라고 한다면 매우 옳지 않다. '만약 그렇다면 칠정은 성 밖의 존재가 될 것이다'라고 말한 것과, 맹자가 '기뻐서 잠을 이루지 못하였다'로부터 '어찌 리의 본체가 아니겠는가?'"라고 한 데 대하여.

내 생각에는, 당초 이치에 어긋난 학설에서 "밖에서 감응되었다면 형기인데 그 발하는 것이 어찌 리의 본체가 되겠는가?"라고 말한 것은, 감응할 때는 바로 기이던 것이 발할 때는 리가 되는 것이니 어찌 그럴 리가 있겠습니까? 다만 말이 분명하지 않음을 깨달았기 때문에 이미 고친 것입니다. 지금 보내주신 편지글에서는 그 글을 고쳐 직접적으로 "밖에서 형기에 감응된 것은 리의 본체가 아니다"라고 하였으니, 이미 나의 본래 의미와는 거리가 멉니다. 그리고 그 아래에서 꾸짖어 말하기를 "만약 그렇다면 칠정은 바로 성 밖의 존재이다"

라고 하였습니다. 그렇다면 주자가 "칠정은 기발이다"라고 한 것 역시 칠정을 성 밖의 존재로 여긴 것이란 말입니까? "리가 발함에 기가 따른다"는 것은 리를 위주로 하여 말했을 뿐이고, 리가 기 밖에 있다는 것을 일컬은 것이 아니니 사단이 이것입니다. "기가 발함에 리가 탄다"는 것은 기를 위주로 하여 말했을 뿐이고, 기가 리의 밖에 있다는 것을 일컬은 것이 아니니 칠정이 이것입니다. 맹자의 기쁨과 순의 노여움과 공자의 슬픔과 즐거움은 기가 리를 따라 발하여서 조금의 장애도 없는 것입니다. 그렇기 때문에 리의 본체가 혼연하고 온전합니다. 보통 사람들이 친한 이를 보면 기뻐하고 상을 당하면 슬퍼하는 것 또한 기가 리를 따라 발하는 것이지만, 그 기가 가지런할 수 없기 때문에 리의 본체 역시 순수하고 온전할 수 없습니다. 이것으로써 논하자면, 비록 칠정을 기의 발이라 여기더라도 또한 리의 본체에 무엇이 해롭겠습니까? 또한 어찌 형기와 성정이 서로 관여되지 않을 걱정이 있겠습니까?

> "辯誨曰, 來辯謂七情外感於形氣, 而非理之本體, 則甚不可, 若然
> "변회왈, 내변위칠정외감어형기, 이비리지본체, 즉심불가, 약연
> 者, 七情是性外之物云云, 孟子之'喜而不寐'止'豈非理之本體耶?"
> 자, 칠정시성외지물운운, 맹자지 '희이불매' 지 '기비리지본체야?'"
> 滉謂, 當初謬說謂"安有外感則形氣, 而其發爲理之本體耶"云者,
> 황위, 당초유설위 "안유외감즉형기, 이기발위리지본체야" 운자,

言當其感則是氣, 而至其發則是理, 安有此理耶? 但覺語有未瑩,
언당기감즉시기, 이지기발즉시리, 안유차리야? 단각어유미형,
故已改之矣. 今來誨, 變其文 直曰, 外感於形氣, 而非理之本體,
고이개지의. 금래회, 변기문 직왈, 외감어형기, 이비리지본체,
則旣與滉本意遠矣, 而其下詆之曰, 若然者, 七情是性外之物, 然則
즉기여황본의원의, 이기하저지왈, 약연자, 칠정시성외지물, 연즉
朱子謂七情是氣之發者, 亦以七情爲性外之物耶? 大抵有理發而
주자위칠정시기지발자, 역이칠정위성외지물야? 대저유리발이
氣隨之者, 則可主理而言耳, 非謂理外於氣, 四端是也; 有氣發而
기수지자, 즉가주리이언이, 비위리외어기, 사단시야; 유기발이
理乘之者, 則可主氣而言耳, 非謂氣外於理, 七情是也. 孟子之喜,
리승지자, 즉가주기이언이, 비위기외어리, 칠정시야. 맹자지희,
舜之怒, 孔子之哀與樂, 氣之順理而發, 無一毫有碍, 故理之本體
순지노, 공자지애여락, 기지순리이발, 무일호유애, 고리지본체
渾全. 常人之見親而喜, 臨喪而哀, 亦是氣順理之發, 但因其氣不
혼전. 상인지견친이희, 임상이애, 역시기순리지발, 단인기기불
能齊, 故理之本體亦不能純全. 以此論之, 雖以七情爲氣之發, 亦
능제, 고리지본체역불능순전. 이차론지, 수이칠정위기지발, 역
何害於理之本體耶? 又焉有形氣性情不相干之患乎?
하해어리지본체야? 우언유형기성정불상간지환호?

가르쳐주신 말씀에 "보내주신 변론에 '하나라도 있는데 잘 살피지 않으면 마음이 바름을 얻지 못하므로 반드시 발하여 절도에 맞은 뒤에야 이를 화라고 할 수 있다'고 하였으니, 그렇다면 이 칠정은 번잡하여 매우 쓸모없는 것으로 도리어 마음의 해가 된다"고 한 데 대하여.

  내 생각에는, 여기 앞부분의 학설은 말뜻이 앞뒤를 잃었기 때문에 병폐가 있어 지금 이미 고쳤으니, 공의 가르쳐주심이 매우 컸습니다. 그러나 보내온 편지에서 또한 "(칠정 가운데) 하나라도 있는데 잘 살피지 않으면"이라는 말을 배척하여, 이 말이 '마음을 바르게 하는 일'이라 여기고 이를 인용하여 칠정을 증명하는 것은 자못 서로 같을 수는 없습니다. 이는 그런 것 같지만 실제로는 그렇지 않습니다. 대개 이것은 비록 「정심장正心章」의 말이기는 하지만, 이 한 절은 희·노·우·구를 마음속에 쌓아두어서는 안 된다는 것으로써 마음의 병통을 설명하여 사람들로 하여금 병을 알게 하여 약을 먹게 하려 했을 뿐, '마음을 바르게 하는 일'을 직접적으로 설명한 것은 아닙니다. 무릇 네 가지가 마음의 병이 되기 쉬운 까닭은, 바로 기가 발하는 것이 비록 본래 선하다 하더라도 악으로 쉽게 흐르기 때문입니다. 만일 사단은 리가 발현된 것이라고 한다면, 어찌 대번에 이러한 병폐가 있겠습니까? 또한 어찌 마음에 측은한 것이 있으면 바름을 얻지 못하고, 마음에 부끄러워는 것이 있으면 바름을 얻지 못한다고 말할 수 있겠습니까?

『정성서』[31]에 "사람의 마음이 쉽게 발동하고 억제하기 어려운 것으로는 노여워하는 것이 가장 심하다. 다만 노여울 때 대번에 그 노여움을 잊어버리고 이치의 시비를 살펴보면, 또한 밖의 유혹이 악한 것이 못됨을 알게 될 것이다"라고 하였습니다. 이른바 쉽게 발동하고 억제하기 어렵다는 것이 리입니까, 기입니까? 리라면 어찌 억제하기 어려움이 있겠습니까? 오직 기이기 때문에 넘쳐흐르고 내달려서 제어하기 어려울 뿐입니다. 또한 하물며 분노는 리가 발한 것이라면 어찌 분노를 잊어버리고 이치를 본다고 하였겠습니까? 오직 그것은 기가 발한 것이기 때문에 분노를 잊어버리고 이치를 보라고 한 것입니다. 이것은 바로 리로써 기를 제어하는 것이라고 일컬은 것입니다. 그렇다면 내가 이 말을 인용하여 칠정이 기에 속한다는 것을 증명하는 것이 어째서 서로 같지 않겠습니까?

"辯誨曰, 來辯謂一有之而不能察, 則心不得其正, 而必發而中節,
"변회왈, 내변위일유지이불능찰, 즉심부득기정, 이필발이중절,
然後乃謂之和, 則是七情者冗長, 無用甚矣, 而反爲心害矣."
연후내위지화, 즉시칠정자용장, 무용심의, 이반위심해의."
滉謂, 此處前說語意, 失其先後, 故有病, 今謹已改之, 爲賜甚厚.
황위, 차처전설어의, 실기선후, 고유병, 금근이개지, 위사심후.

但來誨又斥"一有之而不能察"之語, 以爲此乃正心之事, 引之以
단래회우척 "일유지이불능찰" 지어, 이위차내정심지사, 인지이
證七情, 殊不相似, 此則似然而實不然也. 蓋此雖正心章, 而此一
증칠정, 수불상사, 차즉사연이실불연야. 개차수정심장, 이차일
節則以喜怒憂懼之不可有諸心下, 說心之病, 使人知病而下藥耳,
절즉이희로우구지불가유제심하, 설심지병, 사인지병이하약이,
非直說正心事也. 夫四者之所以易爲心病者, 正緣氣之所發雖本
비직설정심사야. 부사자지소이이위심병자, 정연기지소발수본
善而易流於惡故然耳. 若四端之理發, 則何遽有此病乎? 又何得謂
선이이류어악고연이. 약사단지리발, 즉하거유차병호? 우하득위
心有所惻隱則不得其正, 心有所羞惡則不得其正云爾耶?
심유소측은즉부득기정, 심유소수오즉부득기정운이야?

『定性書』曰: "人之心易發而難制者, 惟怒爲甚; 第能於怒時遽忘
『정성서』왈: "인지심이발이난제자, 유노위심; 제능어노시거망
其怒, 而觀理之是非, 亦可見外誘之不足惡"云云, 夫所謂易發而
기노, 이관리지시비, 역가견외유지부족오" 운운, 부소위이발이
難制者是爲理耶, 爲氣耶? 爲理則安有難制? 惟是氣故決驟而難馭
난제자시위리야, 위기야? 위리즉안유난제? 유시기고결취이난어
耳. 又況怒是理發, 則安有忘怒而觀理? 惟其氣發故云忘怒而觀
이. 우황노시리발, 즉안유망노이관리? 유기기발고운망노이관
理, 是乃以理御氣之謂也. 然則滉之引此語, 以證七情之屬氣, 何
리, 시내이리어기지위야. 연즉황지인차어, 이증칠정지속기, 하

리, 시내이리어기지위야. 연즉황지인차어, 이중칠정지속기, 하
爲而不相似乎?
위이불상사호?

　같은 곳 위의 절 끝부분에 "그 근본 내력에 따라 각각 그
'주로 하는 바를 가리키는 것이다' 라는 학설이 그르다"고 한
것과, 또 "변론한 바가 비단 명목상 말할 때만 옳지 않을 뿐
만 아니라 아마도 성정의 실제와 존양·성찰의 공부에도 모
두 옳지 않은 바가 있다"고 한 데 대하여.

　내 생각에는, 근본 내력과 '주로 하는 바'의 학설은 앞과
뒤의 변론으로 분명해졌다고 할 수 있으니, 다시 여기서 논할
필요가 없다고 여겨집니다. 만약 명목상 말할 때 성정의 실제
가 조금이라도 타당하지 않은 곳은 혹은 가르침을 받기도 하
고 혹은 스스로 깨닫기도 하여 이미 고쳤습니다. 이미 타당하
지 않은 곳을 빼버리니, 의리가 밝게 통하고 분명하게 드러나
고 여덟 창이 영롱하여 거의 모호한 병통이 없는 것 같습니
다. 존양과 성찰의 공부를 비록 감히 참람되게 말할 수는 없
으나 아마도 크게 잘못되는 데에는 이르지 않은 듯싶습니다.

　　"同上節末段, 論因其所從來各指其所主之說之非, 又云, 所辯非但
　　"동상절말단, 논인기소종래각지기소주지설지비, 우운, 소변비단
　　名言之際有所不可, 抑恐於性情之實·存省之功, 皆有所不可."

명언지제유소불가, 억공어성정정지실·존성지공, 개유소불가."

滉謂, 所從來及所主之說, 因前後辯論而可明, 不必更論於此. 若
황위, 소종래급소주지설, 인전후변론이가명, 불필갱론어차. 약
其名言之際, 性情之實, 毫忽未安處, 或因於承誨, 或得於自覺,
기명언지제, 성정지실, 호홀미안처, 혹인어승회, 혹득어자각,
已謹而改之矣. 已而看得未安處旣去, 則義理昭徹, 分明歷落, 八
이근이개지의. 이이간득미안처기거, 즉의리소철, 분명역락, 팔
窓玲瓏, 庶無有含糊鶻圇之病矣. 其於存省之功, 雖未敢僭云, 恐未
창영롱, 서무유함호골륜지병의. 기어존성지공, 수미감참운, 공미
至大不可也.
지대불가야.

가르쳐주신 말씀에 "주자가 심을 이발已發이라고 잘못 인식하였다가 오랜 뒤에 깨달았고, 이에 리발理發과 기발氣發이라 논한 말씀은 우연히 발생하여 한쪽 측면만을 가리킨 것이다"라고 한 데 대하여.

내 생각에는, 공의 이 문단의 어의를 보니 만약 주자의 설을 만족스러워하지 않는다면 이는 더욱 타당하지 않습니다. 정자와 주자의 어록이 때로는 착오가 있음을 면치 못합니다. 이는 사설을 늘어놓고 부연하는 곳이나 의리의 가장 요긴한 곳을, 기록한 사람의 식견이 미치지 못하여 간혹 그 본뜻을

잃은 곳이 있기 때문입니다. 지금 이 한 단락의 문장은 몇 구절의 간략한 말씀으로써 단전[32]하고 밀부[33]한 뜻으로써 그것을 기록한 사람은 보한경[34]입니다. 실로 주자 문하에서 제일인 사람인데, 여기를 잘못 기록하였다면 어찌 보한경이라 할 수 있겠습니까? 벗인 그대가 평소에 『주자어류』를 보다가 이 말을 발견하였다면 결코 그것을 의심하지 않았을 것입니다. 지금 이미 나의 설을 그르다 하고 힘써 변론하였으나 주자의 이 말은 내가 종본으로 여기는 것입니다. 부득불 아울러 지적하여 비판받고 나서야 나의 설이 잘못되었음을 판단할 수 있으며 다른 사람들에게도 믿음을 줄 수 있기 때문에, 여기까지 연루되게 되었습니다. 이는 진실로 내가 지나치게 앞의 말을 받아들인 죄입니다. 그러나 나는 벗의 이런 점 등에서 비록 도를 임무로 담당하려는 용기에는 탄복할 수 있지만, 마음을 겸허하게 가지고 뜻을 겸손히 가질 수 없는 병이 없다 여기겠습니까? 이와 같이 계속한다면 혹시 성현의 말씀을 끌어다가 자기 생각에 맞추는 폐단에 이르지 않겠습니까? 안자는 있되 없는 것같이 하고, 찼으되 빈 것같이 하여, 오직 의리의 무궁함만을 알아 물아[35]의 간격이 있음을 볼 수 없었으니, 이 같은 기상이 공에게 있는지 모르겠습니다.

주자의 강직함과 용기는 백세의 제일입니다. 그러나 조금이라도 자기 의견에 잘못이 있거나 자기 말에 타당하지 못한 곳이 있음을 깨달으면 즐거운 마음으로 듣고 즉시 고쳤습니다. 비록 만년에 이르러 도가 높아지고 덕이 성대해진 뒤에도 오히려 그러하셨으니, 어찌 성현의 도를 배우는 길에 겨우 들어서면서 이미 자신에게는 틀린 점이 없는 듯이 윗자리에 앉으려 하겠습니까? 그러므로 참된 강함과 참된 용기는 기를 왕성하게 하여 억지로 말하려는 데에 있는 것이 아니고, 허물을 고치는 데에 인색하지 않고, 의를 들으면 즉시 따르는 데에 있다는 것을 알아야겠습니다.

> "辯誨謂, 朱子錯認心爲已發之語, 久而乃悟, 仍論理之發·氣之
> "변회위, 주자착인심위이발지어, 구이내오, 잉론리지발·기지
> 發一語, 爲偶發而偏指."
> 발일어, 위우발이편지."

滉謂, 觀公此段語意, 若以朱子此說爲未滿足, 此尤未安也. 夫
황위, 관공차단어의, 약이주자차설위미만족, 차우미안야. 부
程·朱語錄, 固未免時有差誤, 乃在於辭說鋪演, 義理肯緊處, 記者
정·주어록, 고미면시유차오, 내재어사설포연, 의리긍계처, 기자
識見有未到, 或失其本旨者有之矣. 今此一段, 則數句簡約之語,
식견유미도, 혹실기본지자유지의. 금차일단, 즉수구간약지어,
單傳密付之旨, 其記者, 輔漢卿也, 實朱門第一等人, 於此而失記,
단전밀부지지, 기기자, 보한경야, 실주문제일등인, 어차이실기,
則何足爲輔漢卿哉? 使吾友平時看『語類』見此語, 則必不置疑於

즉하족위보한경재? 사오우평시간『어류』견차어, 즉필불치의어 其間. 今旣以鄙說爲非而力辯之, 而朱子此語, 乃滉所宗本, 則不 기간. 금기이비설위비이력변지, 이주자차어, 내황소종본, 즉부 得不倂加指斥而後, 可以判鄙語之非, 而取信於人, 故連累至此. 득불병가지척이후, 가이판비어지비, 이취신어인, 고연루지차. 此固滉僭援前言之罪, 然滉於吾友此等處, 雖服其任道擔當之勇, 차고황참원전언지죄, 연황어오우차등처, 수복기임도담당지용, 得無有不能虛心遜志之病乎? 如此不已, 無乃或至於驅率聖賢之 득무유불능허심손지지병호? 여차불이, 무내혹지어구솔성현지 言以從己意之弊乎? 顔子有若無, 實若虛, 惟知義理之無窮, 不見 언이종기의지폐호? 안자유약무, 실약허, 유지의리지무궁, 불견 物我之有間, 不知還有如此氣象否?

물아지유간, 부지환유여차기상부?

朱先生剛勇, 百世一人. 然少覺己見有誤處, 己言有未安處, 無不 주선생강용, 백세일인. 연소각기견유오처, 기언유미안처, 무불 樂聞而立改之, 雖至晩年, 道尊德盛之後猶然, 豈嘗纔發軔於聖途而 락문이립개지, 수지만년, 도존덕성지후유연, 기상재발인어성도이 已, 向吾無間然上坐在耶? 乃知眞剛眞勇, 不在於逞氣强說, 而在 이, 향오무간연상좌재야? 내지진강진용, 부재어령기강설, 이재 於改過不吝聞義卽服也.

어개과불린문의즉복야.

2장

성학십도

심통성정도설 心統性情圖說[36]

임은 정씨[37]가 말하였다.

"이른바 '마음이 성과 정을 통섭한다'[38]는 것은 사람이 오행의 빼어난 기운을 받고 태어나며, 그 빼어난 기운에 의하여 오성 곧 인의예지신이 갖추어지고, 그것이 움직이는 데에서 칠정이 나온다는 것을 말한 것이다.

무릇 그 성과 정을 통섭하는 것은 마음이다. 그러므로 그 마음이 고요하여 움직이지 않으면[39] 성이 되니 마음의 본체요, 느껴서 통하면 정이 되니 마음의 작용이다. '마음이 성과 정을 통섭한다' 라는 장횡거의 이 말은 매우 타당하다. 마음이 성을 통섭하므로 인의예지가 성이 되고, 또한 인의예지라는 말이 있게 된다. 마음이 정을 통섭하므로 측은·수오·사양·시비가 정이 되고, 또한 측은한 마음이므로 수오·사양·시비의 마음이니 하는 말도 있게 된다. 마음이 성을 통섭하지 못하면 그 미발의 중中을 이룰 수 없어 성이 손상되기 쉽고, 마음이 정을 통섭하지 못하면 절도에 맞는 화和를 이룰 수 없어 정이 방탕해지기 쉽다. 배우는 자들은 이것을 알고 반드시 먼저 그 마음을 바르게 하여 그 성을 기르고 그 정을 단속하면 학문이 방도를 얻을 수 있다."

(신이 삼가 생각건대 정자의 호학론[40]에는 그 정을 단속한다는 말이 정심양성의 앞에 있습니다. 하지만 이 글에서는 도리어 뒤에 있으니, 그 까닭은 여기서는 마음이 성과 정을 통섭하는 것으로써 말했기 때문입니다. 그러나 그 이치를 따져 말한다면 마땅히 정자의 말이 순리라고 생각됩니다. ○ 도표에 온당하지 못한 곳이 있으므로 약간 고쳤습니다.)[41]

林隱程氏曰: "所謂心統性情者, 言人稟五行之秀以生, 於其秀而
임은정씨왈: "소위심통성정자, 언인품오행지수이생, 어기수이
五性具焉, 於其動而七情出焉. 凡所以統會其性情者則心也, 故其
오성구언, 어기동이칠정출언. 범소이통회기성정자즉심야, 고기
心寂然不動爲性, 心之體也; 感而遂通爲情, 心之用也. 張子曰:
심적연부동위성, 심지체야; 감이수통위정, 심지용야. 장자왈:
'心統性情, 斯言當矣.' 心統性, 故仁·義·禮·智爲性, 而又有
'심통성정, 사언당의.' 심통성, 고인·의·예·지위성, 이우유

言仁義之心者. 心統情, 故惻隱・羞惡・辭讓・是非爲情, 而又有
언인의지심자. 심통정, 고측은・수오・사양・시비위정, 이우유
言惻隱之心, 羞惡・辭讓・是非之心者. 心不統性, 則無以致其未
언측은지심, 수오・사양・시비지심자. 심불통성, 즉무이치기미
發之中, 而性易鑿; 心不統情, 則無以致其中節之和, 而情易蕩.
발지중, 이성이착; 심불통정, 즉무이치기중절지화, 이정이탕.
學者知此, 必先正其心, 以養其性, 而約其情, 則學之爲道得矣."
학자지차, 필선정기심, 이양기성, 이약기정, 즉학지위도득의."
(臣謹按程子「好學論」, 約其情在正心養性之前, 此反居後者. 此
(신근안정자「호학론」, 약기정재정심양성지전, 차반거후자. 차
以心統性情言故也. 然究其理而言之, 當以程論爲順. ○ 圖有未
이심통성정언고야. 연구기리이언지, 당이정론위순. ○ 도유미
穩處, 稍有更定.)
온처, 초유경정.)

퇴계의 설명

○ 오른쪽의 그림(193쪽의 그림) 세 개 중에서 위의 그림 하나는 임은 정씨가 그리고 스스로 해설을 첨부한 것입니다. 가운데와 아래에 있는 둘은 신이 망령되이 성현이 말을 세워 가르침을 편 뜻을 근원에까지 미루어 그린 것입니다.

가운데 그림은 기를 품수받은 가운데 나아가 본연지성이

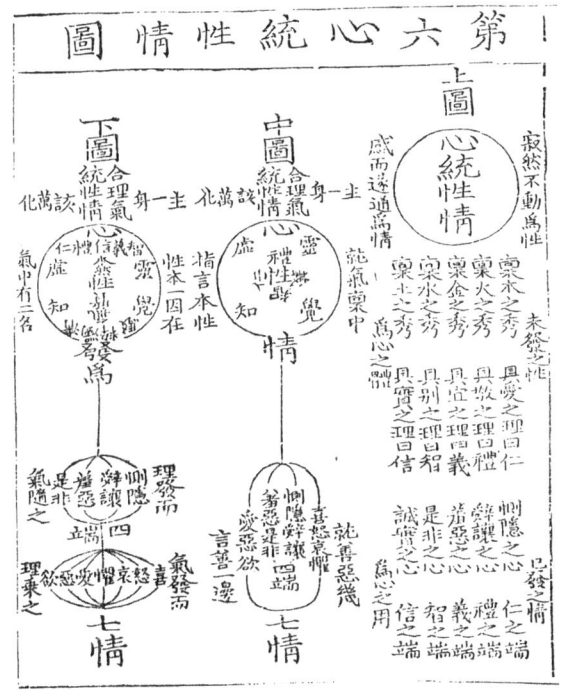

『성학십도』 중 「제육심통성정도」.

기품에 섞여 있지 않은 것을 가리켜 말한 것입니다. 자사의 이른바 '하늘이 명한 성' 그리고 맹자의 이른바 '성선의 성', 정자의 이른바 '성즉리'라는 성, 장자의 이른바 '천지지성' 등이 이것입니다. 이미 성에 대하여 이와 같이 말하였기 때문에 그것이 발하여 정이 되어도 또한 모두 그 선한 것을 가리켜 말하였으니, 자사의 이른바 '절도에 맞는 정', 그리고 맹자의 이른바 '사단의 정', 정자의 이른바 '어찌 불선을 가지고 그것을 이름 할 수 있겠는가[42]의 정', 주자의 이른바 '성으로부터 흘러나와 본래 선하지 않음이 없다는 정' 등이 이것입니다.

아래 그림은 리와 기를 합해서 말한 것이니, 공자의 이른바 '서로 비슷하다는 성', 정자의 이른바 '성이 곧 기이고 기가 곧 성이라고 할 때의 성', 장자의 이른바 '기질지성', 주자의 이른바 '비록 기 속에 있어도 기는 스스로 기이고 성은 스스로 성이어서 서로 섞이지 않는다[43]고 할 때의 성' 등이 이것입니다. 그 성에 대하여 이미 이와 같이 말하였기 때문에 그것이 발하여 정이 되어도 또한 리와 기가 서로 기다리거나 서로 해치는 곳에서 말하는 것입니다. 예를 들어, 사단의 정은 리가 발함에 기가 그것을 따르니 본래 순선하여 악이 없습니다. 반드시 리가 발한 것이 미처 이루어지지 못하고 기에 가려진 후에야 흘러서 불선이 됩니다. 칠정은 기가 발함에 리가 그것을 타니 역시 선하지 않음이 없지만, 만일 기가 발하여 절도에 맞지 못하여 그 리를 멸하게 되면 방탕하여 악이 되는 것입니다. 무릇 이와 같은 까닭에 정자는 "성을 논하면서 기를 논하지 않으면 온전히 갖추어지지 못한 것이고, 기를 논하면서 성을 논하지 않으면 밝지 못한 것이다. 그것을 둘로 나누면 잘못이다"라고 하였습니다. 그렇다면 맹자와 자사가 리만을 가리켜 말한 것은 온전히 갖추지 못한 것이 아니라, 기를 아울러 말하면 성의 본래 선함을 볼 수 없었기 때문입니다. 이것이 가운데 그림의 뜻입니다. 요컨대 이기를 겸하고 성정을 통섭하는 것은 마음입니다. 성이 발하여 정이 되는 즈음이 바로 한 마음의 기미로서, 온갖 변화의 기틀이고 요체이며, 선과 악이 여기에서 나누어집니다. 배우는 자는 진실로 한결같이 경을 견지하여 이치와 욕을 분별하는 데에 어둡지 않고, 더욱 이를 삼가 미발인 때에 존양의 공부가 깊고, 이발已發인 때에 성찰의 습관이 익숙해져야 합니다. 참으로 오래도록 그침이 없이 힘을 쌓으면 이른바 '정일·집중의 성학'[44]과 '본체를 보존하여 사물에 응하여 작용하는 심법'을 모두 밖에서 구하기를 기다리지 않고 여기에서 얻을 수 있을 것입니다.

> ○ 右三圖. 上一圖林隱程氏作, 自有其說矣. 其中·下二圖, 臣妄
> ○ 우삼도. 상일도림은정씨작, 자유기설의. 기중·하이도, 신망
> 竊推原聖賢立言垂教之意而作.
> 절추원성현입언수교지의이작.
> 其中圖者, 就氣稟中指出本然之性不雜乎氣稟而爲言. 子思所謂
> 기중도자, 취기품중지출본연지성부잡호기품이위언. 자사소위
> 天命之性, 孟子所謂性善之性, 程子所謂卽理之性, 張子所謂天地
> 천명지성, 맹자소위성선지성, 정자소위즉리지성, 장자소위천지

之性, 是也. 其言性旣如此, 故其發而爲情, 亦皆指其善者而言,
지성, 시야. 기언성기여차, 고기발이위정, 역개지기선자이언,
如子思所謂中節之情, 孟子所謂四端之情, 程子所謂何得以不善
여자사소위중절지정, 맹자소위사단지정, 정자소위하득이불선
名之情, 朱子所謂從性中.
명지지정, 주자소위종성중.

流出元無不善之情, 是也. 其下圖者, 以理與氣合而言之, 孔子所
유출원무불선지정, 시야. 기하도자, 이리여기합이언지, 공자소
謂相近之性, 程子所謂性卽氣氣卽性之性, 張子所謂氣質之性, 朱
위상근지성, 정자소위성즉기기즉성지성, 장자소위기질지성, 주
子所謂雖在氣中, 氣自氣·性自性, 不相夾雜之性, 是也. 其言性
자소위수재기중, 기자기·성자성, 불상협잡지성, 시야. 기언성
旣如此, 故其發而爲情, 亦以理氣之相須或相害處言, 如四端之情,
기여차, 고기발이위정, 역이리기지상수혹상해처언, 여사단지정,
理發而氣隨之, 自純善無惡, 必理發未遂而揜於氣, 然後流爲不
리발이기수지, 자순선무악, 필리발미수이엄어기, 연후류위불
善. 七者之情, 氣發而理乘之, 亦無有不善, 若氣發不中而滅其理,
선. 칠자지정, 기발이리승지, 역무유불선, 약기발부중이멸기리,
則放而爲惡也. 夫如是, 故程夫子之言曰: "論性不論氣不備, 論氣
즉방이위악야. 부여시, 고정부자지언왈: "논성불론기불비, 논기
不論性不明. 二之則不是." 然則孟子·子思所以只指理言者, 非

불론성불명. 이지즉불시." 연즉맹자·자사소이지지리언자, 비不備也, 以其並氣而言, 則無以見性之本善故爾. 此中圖之意也. 要불비야, 이기병기이언, 즉무이견성지본선고이. 차중도지의야. 要之, 兼理氣統性情者, 心也. 而性發爲情之際, 乃一心之幾微, 萬지, 겸리기통성정자, 심야. 이성발위정지제, 내일심지기미, 만化之樞要, 善惡之所由分也. 學者誠能一於持敬, 不昧理欲, 而尤화지추요, 선악지소유분야. 학자성능일어지경, 불매리욕, 이우致謹於此. 未發而存養之功深; 已發而省察之習熟. 眞積力久而不치근어차. 미발이존양지공심; 이발이성찰지습숙. 진적력구이불已焉, 則所謂精一執中之聖學·存體應用之心法, 皆可不待外求이언, 즉소위정일집중지성학·존체응용지심법, 개가부대외구而得之於此矣.
이득지어차의.

경재잠敬齋箴[45]

 의관을 바르게 하고 그 시선을 존엄하게 하라. 마음을 가라앉혀 상제를 마주 모신 듯이 하라. 걸음걸이는 반드시 무겁게 할 것이며 손은 반드시 공손하게 할 것이다. 땅을 가려 밟을 것이며 개밋둑도 피하여 돌아가라.

 문을 나설 때는 손님을 뵈옵는 것같이 하고, 일을 할 때는 제사를 지내는 것같이 하라.[46] 조심조심 두려워하여 감히 잠시라도 안이하게 하지 마라.[47] 입을 다물기를 병마개 막듯이 하고, 잡생각 막기를 성문 지키듯이 하라.

 성실하고 공경하여 감히 잠시도 경솔하게 하지 마라. 서쪽으로 간다 하고 동쪽으로 가지 말며, 북쪽으로 간다 하고 남쪽으로 가지 마라. 일을 당하면 거기에만 마음을 두고 다른 데로 좇지 않게 하라.

두 가지 일이라고 마음을 두 갈래로 나누지 말고, 세 가지 일이라고 마음을 세 갈래로 나누지 마라. 마음을 오로지 하나로 하여 만 가지 변화를 살펴보아라. 여기에 종사하는 것을 '경을 지킨다'고 하니 움직일 때와 정지하여 있을 때도 어김이 없고 안과 밖을 서로 바르게 하라.

잠깐이라도 틈이 있으면 만 가지 사욕이 일어나 불길이 아니더라도 덥고 얼음이 아니더라도 차가워질 것이다.

털끝만큼이라도 어긋남이 있으면 천지의 자리가 바뀌어 삼강[48]이 멸하여지고 구법[49] 또한 썩어버릴 것이다.

아아, 아이들아! 깊이 생각하고 공경할 것이로다. 먹물로 글을 써서 경계를 삼아 감히 마음속에 고하노라.

> 正其衣冠. 尊其瞻視. 潛心以居. 對越上帝. 足容必重. 手容必恭.
> 정기의관. 존기첨시. 잠심이거. 대월상제. 족용필중. 수용필공.
> 擇地而蹈. 折旋蟻封. 出門如賓. 承事如祭. 戰戰兢兢. 罔敢或易.
> 택지이도. 절선의봉. 출문여빈. 승사여제. 전전긍긍. 망감혹이.
> 守口如瓶. 防意如城. 洞洞屬屬. 罔敢或輕. 不東以西. 不南以北. 當
> 수구여병. 방의여성. 동동촉촉. 망감혹경. 부동이서. 불남이북. 당
> 事而存. 靡他其適. 弗貳以二. 弗參以三. 惟心惟一. 萬變是監. 從
> 사이존. 미타기적. 불이이이. 불참이삼. 유심유일. 만변시감. 종
> 事於斯. 是曰持敬. 動靜弗違. 表裏交正. 須臾有間. 私欲萬端. 不
> 사어사. 시왈지경. 동정불위. 표리교정. 수유유간. 사욕만단. 불

사어사. 시왈지경. 동정불위. 표리교정. 수유유간. 사욕만단. 불火而熱. 不氷而寒. 毫釐有差. 天壤易處. 三綱旣淪. 九法亦斁. 於화이열. 불빙이한. 호리유차. 천양역처. 삼강기륜. 구법역두. 어乎小子. 念哉敬哉. 墨卿司戒. 敢告靈臺.
호소자. 염재경재. 묵경사계. 감고령대.

주자가 말하였다.[50]

"둥글게 도는 동작이 컴퍼스(規)에 맞는다는 것은 그 회전하는 곳이 둥글게 되고자 하기를 컴퍼스에 맞는 것같이 하는 것이요, 절선이 곱자(矩)에 맞는다는 것은 그 횡전하는 곳이 모나게 되고자 하기를 곱자에 맞는 것 같이 하는 것이다.

의봉은 개밋둑을 가리키는 것이니, 옛말에 이르기를 '말을 타고 개밋둑 사이로 굽어서 돌아갔다' 하고 '개밋둑 사이로 법도에 맞게 달린다'고 하니, 그것은 개밋둑 사이의 길이 꼬부라지고 좁아서 말을 타고 그 사이를 꼬불꼬불 달려가면서도 말 달리는 절도를 잃어버리지 않는다는 것이 어려운 일이라는 말이다.

입을 다물기를 병마개 막듯이 한다는 것은 말을 함부로 망령되게 하지 않아야 한다는 것이요, 잡념 막는 것을 성문 지키듯이 한다는 것은 사악한 것이 마음속에 들어오는 것을 막는다는 것이다."

朱子曰. 周旋中規. 其回轉處欲其圓如中規也. 折旋中矩. 其橫轉
주자왈. 주선중규. 기회전처욕기원여중규야. 절선중구. 기횡전
處欲其方如中矩也. 蟻封. 蟻垤也. 古語云. 乘馬折旋於蟻封之間.
처욕기방여중구야. 의봉. 의질야. 고어운. 승마절선어의봉지간.
言蟻封之間. 巷路屈曲狹小. 而能乘馬折旋於其間. 不失其馳驟之
언의봉지간. 항로굴곡협소. 이능승마절선어기간. 불실기치취지
節. 所以爲難也. 守口如甁. 不妄出也. 防意如城. 閑邪之入也.
절. 소이위난야. 수구여병. 불망출야. 방의여성. 한사지입야.

주자가 또 말하였다.

"경敬은 반드시 하나를 주로 해야 한다. 처음에 한 개의 일이 있는데 또 한 개의 일을 더하면 둘이 되고, 원래 한 개가 있는데 또 두 개를 더하면 세 개를 이룬다는 것이다.

잠깐 사이라는 것은 때를 가지고 말한 것이요, 털끝만큼의 차이라는 것은 일을 가지고 말한 것이다."

又云. 敬須主一. 初來有个事. 又添一个. 便是來貳. 他成兩个. 元有
우운. 경수주일. 초래유개사. 우첨일개. 편시래이. 타성량개. 원유
一个. 又添兩个. 便是參. 他成三个. 須臾之間. 以時言. 毫釐之差.
일개. 우첨량개. 편시참. 타성삼개. 수유지간. 이시언. 호리지차.
以事言.
이사언.

임천 오씨[51]가 말하였다.

"경재잠은 10장인데, 장마다 4구씩이다. 첫째 장은 고요히 있을 때 어김이 없음을 말한 것이요, 둘째 장은 움직일 때 어김이 없음을 말한 것이다. 셋째 장은 겉모습이 바른 것을 말한 것이요, 넷째 장은 안이 바른 것을 말한 것이다. 다섯째 장은 마음이 바로잡혀 일에 통달함을 말한 것이요, 여섯째 장은 일에 집중하되 마음에 근본을 둘 것을 말한 것이요, 일곱째 장은 앞의 여섯째 장을 총괄한 것이요, 여덟째 장은 마음이 흐트러지는 병폐를 말한 것이요, 아홉째 장은 일에 집중하여 주장하지 못하는 병폐를 말한 것이며, 열째 장은 한 편을 총결한 것이다."

> 臨川吳氏曰. 箴凡十章. 章四句. 一言靜無違. 二言動無違. 三言表之正. 四言裏之正. 五言心之正而達於事. 六言事之主一而本於心. 七總前六章. 八言心不能無適之病. 九言事不能主一之病. 十總結一篇.
>
> 임천오씨왈. 잠범십장. 장사구. 일언정무위. 이언동무위. 삼언표지정. 사언리지정. 오언심지정이달어사. 육언사지주일이본어심. 칠총전육장. 팔언심불능무적지병. 구언사불능주일지병. 십총결일편.

서산 진씨[52]가 말하였다.

"경의 뜻은 여기에 이르러 더 이상 남김이 없게 되었다. 성학에

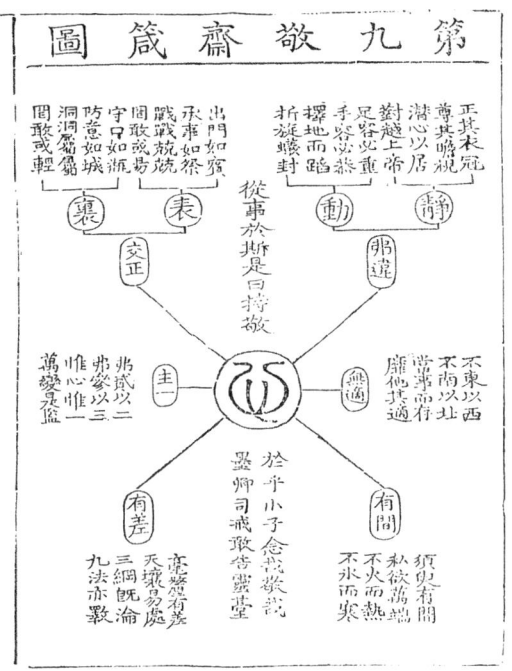

『성학십도』 중 「제구경재잠도」.

뜻이 있는 사람은 마땅히 이것에 익숙하도록 반복해야 할 것이다."

西山眞氏曰. 敬之爲義. 至是無復餘蘊. 有志於聖學者. 宜熟復之.

서산진씨왈. 경지위의. 지시무부여온. 유지어성학자. 의숙부지.

퇴계의 설명

오른쪽의 잠 제목 아래에(203쪽의 그림) 주자가 스스로 설명하기를 "장경부[53]의 「주일잠主一箴」[54]을 읽고 그 남긴 뜻을 주위 모아 「경재잠」을 만들어 서재의 벽에 써 붙이고 자신을 경계하였다"고 하였습니다. 또 말하기를 "이 잠은 경敬의 조목이니 그 설이 여러 경우에 해당됨이 있다"고 하였습니다.

신은 '여러 경우의 설'이 실제 수양 공부를 하는 데 좋은 근거가 될 것이라고 생각합니다. 금화의 왕노재백[55]이 각 경우의 위치를 배열하여 이 도식을 만들었습니다. 명백하고 가지런하여 모두 제자리에 놓여 있으니 항상 일상생활에서 보고 생각하는 사이에 몸소 음미하고 깨닫고 살펴서 얻음이 있다면, 경이 성학의 처음과 마침이 된다는 것을 어찌 믿지 않을 수 있겠습니까?

> 右箴題下. 朱子自敍曰. 讀張敬夫主一箴. 掇其遺意. 作敬齋箴. 書
> 우잠제하. 주자자서왈. 독장경부주일잠. 철기유의. 작경재잠. 서
> 齋壁以自警云. 又曰. 此是敬之目. 說有許多地頭去處. 臣竊謂地
> 재벽이자경운. 우왈. 차시경지목. 설유허다지두거처. 신절위지
> 頭之說. 於做工好有據依. 而金華王魯齋柏排列地頭作此圖. 明白
> 두지설. 어주공호유거의. 이금화왕노재백배열지두작차도. 명백
> 整齊. 皆有下落又如此. 常宜體玩警省於日用之際心目之間. 而有
> 정제. 개유하락우여차. 상의체완경성어일용지제심목지간. 이유
> 得焉. 則敬爲聖學之始終. 豈不信哉.
> 득언. 칙경위성학지시종. 기불신재.

3장

무진육조소

무진육조소戊辰六條疏

　숭정대부 판중추부사 신 이황은 삼가 몸과 마음을 깨끗이 하여 절하며 주상 전하께 말씀드립니다.
　신은 초야의 미미한 존재로서 재주와 쓸모도 없으면서 나라 섬기는 일도 바로 하지 못하여서 고향에 돌아와 죽기만을 기다리고 있었는데, 선조께서 잘못 아시고 총애하여 자주 명을 내리셨으며 전하께 이르러 잘못을 되풀이하심이 더욱 커져서 금년 봄 특채제수라는 관직을 내리시니 이를 듣고는 더욱 놀라울 뿐입니다. 신이 송구함을 무릅쓰고 감당 못할 것으로 여기어 사퇴하였는데 살피고 보살펴주시는 은혜를 입어 책임은 면하게 되었으나, 본래 지닌 성품이 고쳐지지 않아서 분수에 넘치는 것은 여전합니다. 더욱이 신은 늙고 병들어 벼슬을 감당할 힘이 조금도 없는데 외람되게도 높은 지위에 있게 되어 더욱 부끄럽고 송구스러워, 있지 못할 자리에 오래 있으면서 옛 조상들을 욕되게 할까 두렵습니다.

다만 이번에 신이 서울에 올라가 뵈었을 때 분에 넘치는 아끼심을 받아 비록 평소 이리저리 생각하여 좋은 방안을 내거나 나라를 경영하고 다스리는 것에는 어둡지만, 충성된 뜻을 다하여 한 가지 의견을 바치지 않을 수 없었나이다. 다만 말로만 아뢰면 정신이 흐리고 말주변이 없어 한 가지만을 들고 만 가지를 빠뜨릴까 걱정되어, 이에 감히 글로써 뜻을 진달하나이다. 모두 모아 엮어 여섯 가지 항목으로 나누어 논한 것을 감히 올리오니 이것이 큰 이익이 되리라고는 생각하지 않으오나, 임금님을 가까이서 모시는 신하들의 글에 아주 조금이나마 보탬이 될까 하나이다.

> 崇政大夫判中樞府事臣李滉. 謹齊戒拜手稽首. 上言于主上殿下.
> 숭정대부판중추부사신이황. 근제계배수계수. 상언우주상전하.
> 臣以草野微蹤. 散材乏用. 事國無狀. 歸鄕俟死. 先朝誤聞. 累加寵
> 신이초야미종. 산재핍용. 사국무상. 귀향사사. 선조오문. 누가총
> 命. 逮及當宁. 襲誤愈隆. 至於今年春超躐之除. 尤駭聞聽. 臣冒犯雷
> 명. 체급당저. 습오유륭. 지어금년춘초렵지제. 우해문청. 신모범뢰
> 霆. 辭不敢當. 雖已蒙恩諒察. 獲免負乘. 然品秩不改. 僭越依前.
> 정. 사불감당. 수이몽은량찰. 획면부승. 연품질불개. 참월의전.

加以臣老疾摧頹. 無一分精力可堪從仕. 而叨綴崇班. 益懋益懼. 難
가이신노질최퇴. 무일분정력가감종사. 이도철숭반. 익참익구. 난
以久忝非據. 爲聖朝羞浼. 顧緣臣今玆之來. 濫被垂眷. 旣異尋常. 臣
이구첨비거. 위성조수매. 고연신금자지래. 남피수권. 기이심상. 신
雖素昧籌略. 不可不罄竭丹忱. 思效一得之愚. 而又恐口陳之際. 神
수소매주략. 불가불경갈단침. 사효일득지우. 이우공구진지제. 신
茫辭訥. 掛一漏萬. 玆敢因文達意. 掇拾推論. 分爲六條. 冒進于前
망사눌. 괘일루만. 자감인문달의. 철습추론. 분위육조. 모진우전
疑. 雖未敢望有補於涓埃. 或可以少贊蓉御之箴否乎.
의. 수미감망유보어연애. 혹가이소찬설어지잠부호.

  첫째, 계통을 중요하게 하시어 인과 효가 온전히 갖추어지
도록 하옵소서.

  신이 듣기로는 이 세상에서 임금의 지위에 있어서도 하나
의 계통을 잇는 것보다 더 큰 일이 없다 하옵니다. 무릇 더 클
것이 없는 계통으로 아버지가 자식에게 전하고, 자식이 아버
지에게 이어받으니 그 일의 지극히 중함이 어떻겠습니까? 예
로부터 어진 군주는 누구나 지극히 크고 지극히 중한 계통을
이어받지 않은 이가 없지만, 크고 중대한 뜻을 잘 아는 사람
이 적어 효도함에 부끄러운 것이 있고, 사랑함에는 도리를 다
하지 못한 자가 많았습니다. 적통의 경우에도 이러하거늘, 혹

다른 방법으로 임금이 된 군주는 인과 효의 도리를 다하는 자가 더욱 적습니다. 그리하여 사람으로서 마땅히 지켜야 할 도리에 죄를 범하는 자가 자주 생기니 어찌 깊이 두려워할 일이 아니겠습니까?

오호라! 하늘엔 두 해가 없고, 백성에게는 두 임금이 없고, 집에는 두 가장이 없고, 상갓집에는 두 참최복斬衰服[56]이 없습니다. 옛 성인께서 본래 태어난 은혜가 중요함을 모르는 것이 아니었으나, 예법을 제정하여 뒤를 잇는 자를 아들로 삼았습니다. 아들이 되었으면 인과 효의 도리는 마땅히 후사를 잇는 것으로 하여야 하니, 본래 태어남의 은혜가 도리어 이보다 못한 것입니다. 그러므로 성인이 의로움을 기준으로 삼아 본래 태어남의 은혜를 줄이고 후사를 잇는 의로움을 완수하게 하였습니다. 『주역』에서는 하나로 돌아감을 밝히고 맹자는 두 개의 근본을 경계하였으니, 일의 균형이 정해진 곳에서 윤리의 법칙이 환히 빛날 것입니다. 하물며 다른 방법으로 계통을 잇고 천명을 받아 보위에 오를 때 종묘와 사직의 부탁은 어떠하겠으며, 신하와 백성들은 무엇으로 우러러보겠습니까? 어찌 감히 사사로운 뜻으로 이러한 도리를 바꾸어서 뒤에 오는 이를 높이지 않을 수 있겠습니까?

삼가 생각하옵건대 주상 전하께서 왕실의 귀하신 몸으로 선왕께서 미리 선택하신 명을 받들고 대통을 이어받아 자리에 오르셨으니 인심과 천심이 합하여진 것입니다. 상중에는 병으로 인해 고생함을 근심하시고, 일을 처리함에는 사랑하고 존경함이 부족하지 않게 하시고, 무릇 뜻을 잇고 일을 처리하는 것이 모두 지극한 성품에서 나오고 충성에서 말미암지 않음이 없으시다면, 그 인과 효의 도리가 크게 일어나지 못할 것이 없습니다. 이는 위로는 종묘사직의 신령으로부터 아래로는 백성들의 마음에 이르기까지 다 함께 기뻐하고 서로 축하하는 것입니다. 그러나 마음은 그릇에 담긴 물보다 지니기 어렵고, 선은 바람 앞의 등불보다 보전하기 어렵습니다. 옛말에 나무가 썩으면 벌레가 생기고, 효도는 부인과 자식 때문에 약해진다고 합니다. 지금 전하의 마음은 물에 파도가 일지 않은 것 같고, 거울에 먼지가 앉지 않는 상태와 같습니다. 그러므로 사랑하고 아끼는 마음이 풍성하게 발동하여 막힘이 없고, 효를 다하는 행동이 순수하고 틈새가 없습니다. 그러나 때때로 눈과 귀의 가려짐이 혼잡하게 되고 사랑과 미움의 흔들림이 힘을 얻어 시감이 흐르고 달이 깊어지는 동안 일을 등한시하고 감정에 이끌리게 된다면, 그때 전하의 마음이 능히 밖으로부터의 변화에 영향을 받지 않고 변함없이 늘 같은 모습으로 고요히 선한 것을 유지할 수 있겠습니까? 진실로 이렇게 하실 수 있다면, 만 번 복을 받으시고 백 번 근심할 것이 없습니다. 그러나 혹 불행히 성스러운 마음 깊으신 곳에서 한 번 변화가 생긴다면, 종묘를 받들고 부모와 자식을 받드는 일에 어긋나고 태만함이 있기 쉽습니다. 또한 사람이 혹 편벽되고 사사로운 틈을 타서 바르고 곧고 의로운 것에 어긋나는 말로써 꾀이고 영합하면, 마땅히 그 높일 것을 줄이고 줄일 것을 높이는 일이 절대 없으리라고 어찌 보장할 수 있겠습니까? 이것이 예로부터 임금이 계통을 잇는 떳떳한 윤리에서 죄를 범하는 일이 많은 까닭이니, 오늘날 마땅히 지극한 경계로 삼아야 할 것입니다. 그러나 이것은 신이 감히 전하를 지금의 삶에서 괜히 어렵도록 이끌려는 것이 아닙니다. 다만 생각하기에 마땅히 성왕의 바른 법을 이렇게 높이고, 마땅히 옛 유학자들의 바른 논리를 좇아 줄일 만한 것이 있기에 그런 것입니다. 높이고 줄이고 하는 것은 하늘의 이치와 인욕의 극치이니, 한결같이 이에 따라 털끝만큼도 사사로운 뜻이 그 사이에 섞이지 않아야 비로소 인과 효를 이야기할 수 있습니다. 그러나 효는 백행의 근원이니 한 가지 행동이라도 흠이 있으면 순수한 효가 되지 못하며, 인은 만 가지 선에서 가장 큰 것이니 한 가지 선이라도 갖추지 못함이 있으면 온전한 인이 되지 못하게 됩니다. 『시경』에 이르기를 "시작이 없는 것이 아니라 끝을 잘 마치는 것이 적다"고 하였습니다. 오직 임금께서 유의하시기를 바라나이다.

其一曰. 重繼統. 以全仁孝. 臣聞. 天下之事莫大於君位之一統.

기일왈. 중계통. 이전인효. 신문. 천하지사막대어군위지일통.
夫以莫大之統. 父傳於子. 而子承乎父. 其事之至重. 爲如何哉.
부이막대지통. 부전어자. 이자승호부. 기사지지중. 위여하재.
自古人君莫不承至大至重之統. 而鮮能知至大至重之義. 孝有慙
자고인군막불승지대지중지통. 이선능지지대지중지의. 효유참
德. 而仁未盡道者多矣. 處常猶然. 其或以旁支入繼之君. 則能盡
덕. 이인미진도자다의. 처상유연. 기혹이방지입계지군. 즉능진
仁孝之道者盆寡. 而得罪彝倫之敎者. 比比有之. 豈不深可畏哉. 嗚
인효지도자익과. 이득죄이륜지교자. 비비유지. 기불심가외재. 오
呼. 天無二日. 民無二王. 家無二尊. 喪不二斬. 古之聖人. 非不知
호. 천무이일. 민무이왕. 가무이존. 상불이참. 고지성인. 비부지
本生之恩重且大. 而制爲禮法. 使爲人後者爲之子. 旣曰爲之子.
본생지은중차대. 이제위례법. 사위인후자위지자. 기왈위지자.
則仁孝之道. 當專於所後. 而本生之恩. 反不得與之並立焉. 是以.
즉인효지도. 당전어소후. 이본생지은. 반부득여지병립언. 시이.
聖人秉義以殺本生之恩. 隆恩以完所後之義. 蓋易明致一. 孟戒二
성인병의이살본생지은. 융은이완소후지의. 개역명치일. 맹계이
本. 權衡所定. 倫則灼然. 而況旁支之入繼也. 受天命而踐寶位.
본. 권형소정. 윤칙작연. 이황방지지입계야. 수천명이천보위.
宗社之付託何如. 臣民之仰戴何因乎. 其敢以私意有所反易. 而不
종사지부탁하여. 신민지앙대하인호. 기감이사의유소반역. 이불

爲之致隆於所後哉. 恭惟主上殿下以王室至親之重.
위지치륭어소후재. 공유주상전하이왕실지친지중. 응선왕예간
之命. 入承大統. 天人響合. 煢疚克盡於恤宅. 愛敬無慊於榦蠱. 凡所
지명. 입승대통. 천인향합. 경구극진어휼댁. 애경무겸어간고. 범소
以繼志述事者. 莫非出於至性而由乎中誠. 其於仁孝之道. 不患其
이계지술사자. 막비출어지성이유호중성. 기어인효지도. 불환기
不致隆也. 上自廟社之靈. 下及臣民之心. 固已胥悅而交慶矣. 然
불치륭야. 상자묘사지령. 하급신민지심. 고이서열이교경의. 연
而心難持於盤水. 善難保於風燭. 古語云. 木腐而蟲生. 孝衰於妻
이심난지어반수. 선난보어풍촉. 고어운. 목부이충생. 효쇠어처
子. 今也殿下之心. 如水未波. 如鏡未塵. 所以仁愛之發. 藹然而無
자. 금야전하지심. 여수미파. 여경미진. 소이인애지발. 애연이무
間. 孝順之行. 純乎其罔間矣. 至於異時. 耳目之蔽蒙雜陳. 愛憎
간. 효순지행. 순호기망간의. 지어이시. 이목지폐몽잡진. 애증
之搖惑竝進. 日久月深. 事玩情狃. 不審殿下之心. 於是乎能不受變
지요혹병진. 일구월심. 사완정뉴. 불심전하지심. 어시호능불수변
於外. 而卓然主善於中. 恆如今日乎. 苟能如是. 萬受祉而百無憂
어외. 이탁연주선어중. 긍여금일호. 구능여시. 만수지이백무우
矣. 如或不幸. 而聖慮淵衷. 一有遷化於彼. 則不惟所以承宗廟奉
의. 여혹불행. 이성려연충. 일유천화어피. 즉불유소이승종묘봉
長樂者. 動有違慢. 人或有乘偏私之罅隙. 而以詭經破義之說. 慫
長樂者. 動有違慢. 人或有乘偏私之罅隙. 而以詭經破義之說. 慫

장악자. 동유위만. 인혹유승편사지하극. 이이궤경파의지설. 종
憑而迎合之. 馴致於殺其所當隆. 隆其所當殺者. 安保其必無乎. 此
용이영합지. 순치어살기소당륭. 융기소당살자. 안보기필무호. 차
古來入繼之君. 所以多得罪於彛敎. 而今日之所宜爲至戒者也. 抑
고래입계지군. 소이다득죄어이교. 이금일지소의위지계자야. 억
臣非敢導殿下以薄於本生也. 徒以爲當隆. 則有聖王之定法如此.
신비감도전하이박어본생야. 도이위당륭. 즉유성왕지정법여차.
當殺. 則有先儒之定論可師. 一隆一殺. 卽是天理人倫之極致. 一
당살. 즉유선유지정론가사. 일륭일살. 즉시천리인륜지극치. 일
遵乎此. 而莫以分毫私意參錯於其間. 然後爲仁爲孝. 可得以議
준호차. 이막이분호사의참착어기간. 연후위인위효. 가득이의
矣. 雖然. 孝爲百行之原. 一行有虧. 則孝不得爲純孝矣. 仁爲萬
의. 수연. 효위백행지원. 일행유휴. 즉효부득위순효의. 인위만
善之長. 一善不備. 則仁不得爲全仁矣. 詩曰. 靡不有初. 鮮克有
선지장. 일선불비. 즉인부득위전인의. 시왈. 미불유초. 선극유
終. 惟聖明之留意焉. 則幸甚.
종. 유성명지류의언. 즉행심.

둘째, 간악한 말로 남을 헐뜯는 것을 막아 양궁兩宮을 친하
게 하옵소서.

신은 듣자오니 부모가 그 자식을 사랑하는 것은 자애로움

이며, 자식이 그 어버이를 잘 섬기는 것은 효라고 합니다. 효와 자애로움의 도리는 천성에서 나와 여러 선한 것 중에서 으뜸 되는 것으로서 그 은혜가 지극히 깊고, 그 윤리가 지극히 중요하고, 그 정이 가장 절실합니다. 지극히 깊은 은혜로써 지극히 중한 윤리에 따라 가장 간절한 정을 행하는 것이니 일의 이치로 보아서는 다하지 못하는 것이 없을 듯한데, 혹 효도에 결함이 있고 하늘을 사랑함에도 흠이 있는 수가 있고, 심한 자는 승냥이와 이리와 같이 되어 부모를 거두어 돌보지도 않는 일이 보통 사람에게 일어남은 물론이요, 상왕의 가정에서도 이런 근심이 많으니 그 까닭이 무엇이겠습니까? 대체로 그것은 맑은 기운은 막히기 쉽고 남을 헐뜯어 고하는 참소가 많아지기 때문입니다. 맑은 기운이 막히기 쉽다고 말하는 까닭은 궁전이란 곳은 엄하고 날마다 나아가 뵈올 때 일의 형세가 막히게 되는 일이 많아 정이 퍼지지 못하고 뭉치는 수가 있기 때문이요, 참소가 더욱 많아진다고 말하는 까닭은 양궁 사이에 좌우에 가까이 모시는 신하들과 총애를 받으며 심부름하는 시종들이 모두 환관과 여인들인데, 이 무리들의 본성이 대개 모두 음란하고 교활하여 간사하고 사사로운 생각을 품어 어지러움을 좋아하고 화禍를 즐기며, 효와 자가 무엇인지 예의가 무엇인지도 모릅니다. 이것은 오직 섬기는 것을 중요하다고 여기어 이쪽저쪽으로 서로 세력을 갈라 대립하면서 많은 것을 다투고 적은 것을 비교하는 바람에, 서로 손가락질하는 사이에 은혜로움과 원망함이 생기고, 고향에 따라 이해득실이 결정되며, 없는 것을 있다 하고 옳은 것을 그르다 하며, 정황이 만 가지로 나타나 도깨비와 같고 불여우와도 같이 격하여 노하게도 하고 속여서 무섭게도 하기 때문입니다. 그런 것에 혹시라도 귀를 기울여 듣고 믿으시게 되면 저절로 불효에 빠지게 되어, 어버이를 자애롭지 못한 데 빠뜨리게 되는 것은 당연하게 일어나는 일입니다. 대개 집안의 법도가 엄정하고 양궁이 서로 기뻐하면, 이 무리들은 그 간악함을 쓸 여지가 없어 이를 얻지 못할 것입니다. 서로 없는 사실을 꾸며서 모함하고 시기하며, 주인이 어둡고 일상적인 윤리에서 어긋나면 그 재주를 부려 참소가 행해지면서 큰 이익을 보게 되는 것이 바로 소인과 여자들의 폐해입니다. 비록 그러하오나 역시 임금의 덕이 어질고 비루함과 다스림의 엄하고 방종함에 따라서, 그 반응이 그림자와 소리같이 빠른 것이오니, 중요한 요점은 인자한 임금의 다스림에 따라 달려 있다는 것입니다. 진실로 능히 잘 다스릴 수만 있다면 또 무슨 걱정할 것이 있겠습니까?

 신이 작년에 시골에서 길가의 소문을 들으니, 임금께서 즉위하신 처음에는 무리들 가운데 옛 은혜를 믿고 왕명을 기다리지 않은 채 감히 나아가 뵈려고 한 자가 있었는데, 준엄하게 물리침을 당하고 말았다며 온 나라 사람이 모두 큰 성인의 하시는 일이 보통 사람보다 만 배는 뛰어나다고 우러러 칭찬한다고 들었사옵니다. 이로부터 이후 성스러운 은덕이 날로 드러나고 인과 효가 샐 틈이 없사오니, 이것으로 볼 때 무슨 음란한 거짓으로 복종시킬 수 있겠으며, 무슨 악인들 감히 방자하게 굴 수 있겠습니까? 그러나 전하께서는 이것을 믿고 '상빙[57]의 가르침'을 소홀하게 생각해서는 결코 안 됩니다. 대저 전하의 효성으로 일국의 봉양을 극진히 하시면 그 효는 크다 하겠습니다. 그러나 임금의 직분상 마땅히 해야 할 일이 무궁무진하니, 나의 어버이 섬김이 이미 충분하다고 해서 어찌 다른 것을 걱정하지 않을 수 있겠습니까? 또 오늘날 전하께서 어버이를 섬기심은 이른바 의로움으로써 은혜를 높이며 또 변화하는 일상에 계시는 것이니, 이 두 가지 사이는 실로 소인과 여자들이 틈타서 그 혼란을 일으키는 것입니다. 신이 이전의 일을 살펴보니, 위로는 사랑하는 부모님이 계시고 아래로는 어진 신하가 있으면서도 환관과 첩들이 그 사이에서 서로 싸워 그 효를 바로 끝맺지 못하는 자가 이루 말할 수 없이 많았습니다. 하물며 지금 궁중에는 조정에서 논의할 때 깊이 염려한 대로 간악한 무리들과 오래된 나쁜 기운들이 아직도 다 제거되지 않고 있으니, 이것은 '여윈 돼지가 방정을 떠는 것'보다도 못한 상황인 듯합니다.

바라옵건대 전하께서는 『주역』의 '가인의 뜻'을 거울로 삼고 『소학』의 '명륜의 가르침'을 법으로 삼아 정치를 엄격하게 하시고, 부모님 섬기는 것을 독실하게 하시고, 직분을 다하여 좌우의 가까운 이들로 하여금 양궁의 지극한 정에는 효와 자보다 더 중한 것이 없으니 서로 모함하고 이간질하는 것이 통할 수 없다는 것을 다 알게 하시고, 또 그 효와 자를 이루게 하는 자는 온전함을 얻되 이간질을 하는 자는 죄를 얻게 된다는 것을 다 알도록 하시면, 자연히 음란한 사사로움과 중간에 장난하는 폐단이 없어지고, 효도의 무너짐이 없게 될 것입니다. 또 이 마음을 미루고 이 진실한 뜻을 써서 공의전[58]에 효경을 드려서 언제나 뜻을 다하고 힘을 다하시면, 도를 높이는 이들이 잇따르고 인이 지극하여지며 의가 다하여져서 삼궁이 기뻐 화합하고 만복이 갖추게 될 것입니다. 『시경』에 이르기를 "조그맣게 시작하여 큰 말썽을 이룬다" 하고, 또 이르기를 "길이 효사를 말하니, 효사는 법으로 된다" 하였습니다. 부디 임금께서는 유의하시기 바라나이다.

> 其二曰. 杜讒間. 以親兩宮. 臣聞. 父母之愛其子爲慈. 子之善事
> 기이왈. 두참간. 이친양궁. 신문. 부모지애기자위자. 자지선사
> 親爲孝. 孝慈之道. 出於天性. 而首於衆善. 其恩至深. 其倫至重.
> 친위효. 효자지도. 출어천성. 이수어중선. 기은지심. 기륜지중.
> 其情最切. 以至深之恩. 因至重之倫. 而行最切之情. 宜無有不盡

기정최절. 이지심지은. 인지중지륜. 이행최절지정. 의무유부진
者. 而或至於孝道有缺. 慈天亦虧. 其有甚者. 則至親化爲豺狼而
자. 이혹지어효도유결. 자천역휴. 기유심자. 칙지친화위시랑이
莫之恤. 恆人固有不免. 而帝王之家. 此患尤多. 其故何哉. 凡以情
막지휼. 긍인고유불면. 이제왕지가. 차환우다. 기고하재. 범이정
勢易阻. 而讒間益衆也. 所以云情勢易阻者. 以宮殿之所御. 逐日
세역조. 이참간익중야. 소이운정세역조자. 이궁전지소어. 축일
之進見. 地近嚴而勢或阻. 事多端而情或鬱也. 所以云讒間益衆
지진견. 지근엄이세혹조. 사다단이정혹울야. 소이운참간익중
者. 以兩宮之間. 昵侍左右. 便嬖給事者. 無非宦寺與婦人也. 此輩
자. 이양궁지간. 일시좌우. 편폐급사자. 무비환사여부인야. 차배
之性. 例多陰邪狡獪. 挾姦而懷私. 喜亂而樂禍. 不知孝慈之爲何
지성. 예다음사교회. 협간이회사. 희란이락화. 부지효자지위하
物. 禮義之爲何事. 惟以所事爲之重. 一彼一此. 分勢角立. 爭多
물. 예의지위하사. 유이소사위지중. 일피일차. 분세각립. 쟁다
較少. 恩怨生於指顧. 利害卜於向背. 以無爲有. 以是爲非. 情狀
교소. 은원생어지고. 이해복어향배. 이무위유. 이시위비. 정상
萬端. 如鬼如蜮. 或激而致怒. 或誑而令懼. 一或傾耳而聽信. 則
만단. 여귀여역. 혹격이치노. 혹광이령구. 일혹경이이청신. 즉
自陷於不孝. 而陷親於不慈必矣. 蓋家法嚴正. 兩宮交驩. 則此輩
자함어불효. 이함친어부자필의. 개가법엄정. 양궁교환. 즉차배

무진육조소 _ 219

無所容其奸. 而不獲利. 必也交構互嫌. 主昏倫悖而後. 得以騁其
무소용기간. 이불획리. 필야교구호혐. 주혼륜패이후. 득이빙기
術售其讒. 而得大利. 此小人女子之通患也. 雖然. 亦視其君德之仁
술수기참. 이득대리. 차소인여자지통환야. 수연. 역시기군덕지
鄙. 御治之嚴縱如何. 而應之捷如影響. 然則人君顧自治如何耳.
인비. 어치지엄종여하. 이응지첩여영향. 연즉인군고자치여하이.
苟能自治. 亦何患之有哉. 臣去年在都下. 流聞道路. 卽位伊始.
구능자치. 역하환지유재. 신거년재도하. 유문도로. 즉위이시.
此類之中. 有以潛邸舊恩. 不待上命而敢進者. 遽蒙峻卻而退. 一國
차류지중. 유이잠저구은. 부대상명이감진자. 거몽준각이퇴. 일국
之人. 咸仰大聖人之所作爲出於尋常萬萬如此. 自是以來. 聖德日
지인. 함앙대성인지소작위출어심상만만여차. 자시이래. 성덕일
聞. 仁孝罔間. 推此以往. 何陰而不伏. 何惡而敢肆乎. 雖然. 殿下
문. 인효망간. 추차이왕. 하음이불복. 하악이감사호. 수연. 전하
切不可恃此而忽於霜氷之戒也. 且夫以殿下之孝誠. 極一國之奉
절불가시차이홀어상빙지계야. 차부이전하지효성. 극일국지봉
養. 孝亦大矣. 然人子職分之所當爲者. 無窮無盡. 豈可謂吾之事
양. 효역대의. 연인자직분지소당위자. 무궁무진. 기가위오지사
親已足而無他虞哉. 又今日殿下之事親. 所謂以義而隆恩. 以變而
친이족이무타우재. 우금일전하지사친. 소위이의이륭은. 이변이
處常. 斯二者之際. 實小人女子之所伺隙而造釁者也. 臣伏覩前代
처상. 사이자지제. 실소인여자지소사극이조흔자야. 신복도전대

처상. 사이자지제. 실소인여자지소사극이조혼자야. 신복도전대
之事. 上有慈親. 下有賢嗣. 而爲賊宦讒妾. 交鬪兩間. 而不終厥孝
지사. 상유자친. 하유현사. 이위적환참첩. 교투량간. 이부종궐효
者. 何可勝道哉. 況今宮闈之間. 宿姦老蠱如前後朝論所深憂者.
자. 하가승도재. 황금궁위지간. 숙간로고여전후조론소심우자.
猶未盡去. 此恐不但如羸豕之蹢躅而已. 伏願殿下監大易家人之義.
유미진거. 차공부단여리시지척촉이이. 복원전하감대역가인지의.
法小學明倫之訓. 嚴於自治. 而謹於正家. 篤於事親. 而盡於子職.
법소학명륜지훈. 엄어자치. 이근어정가. 독어사친. 이진어자직.
使左右近習之人. 洞然皆知兩宮至情莫重於孝慈. 而吾輩讒間無
사좌우근습지인. 동연개지양궁지정막중어효자. 이오배참간무
以得行於其間. 亦見其成孝慈者獲安. 生兩隙者得罪. 則自然無陰
이득행어기간. 역견기성효자자획안. 생량극자득죄. 즉자연무음
邪間亂之患. 而孝道無闕. 又推此心用此誠. 以致孝敬於恭懿殿.
사간란지환. 이효도무궐. 우추차심용차성. 이치효경어공의전.
罔不盡情竭力. 則道隆繼繼. 仁至義盡. 而三宮驩洽. 萬福畢臻矣.
망부진정갈력. 즉도륭계계. 인지의진. 이삼궁환흡. 만복필진의.
詩曰. 哆兮侈兮. 成是南箕. 又曰. 永言孝思. 孝思維則. 惟聖明之
시왈. 치혜치혜. 성시남기. 우왈. 영언효사. 효사유칙. 유성명지
留意焉. 則幸甚.
류의언. 즉행심.

셋째, 성인의 학문을 돈독히 하여 정치의 근본을 세우소서.

신이 듣자오니, 여러 왕의 학문과 심법의 요점이 순임금이 우임금에게 명하고 전한 말에서 비롯되었다고 합니다. 그 말에 이르기를 "사람의 마음은 위태하고 도심은 은미하니 오직 정밀하고 한결같이 하여 그 중을 잡으라"고 하였습니다. 무릇 천하를 서로 전해줄 때는 받는 사람으로 하여금 천하를 편안하게 하려는 뜻인 만큼, 그 부탁하는 말이 정치에서 더 긴요할 것이 없을 것인데, 순임금이 우임금에게 친절히 타이른 것이 이 몇 마디에 지나지 않았으니, 이를 어찌 학문과 덕을 이루는 바른 다스림의 대본으로 삼지 않을 수 있겠습니까?

'정밀하고 한결같음'과 '중을 잡는 것'은 학문을 하는 큰 방법입니다. 큰 법도로써 대본을 세우면 천하의 정치는 다 이 것으로부터 나오게 되는 것입니다. 옛 성인의 말씀이 이러하므로 신 같은 어리석은 자도 성인의 학문이 나라를 다스리는 근본임을 알아 외람되이 말씀드리는 것입니다. 그러나 순임금의 이 말은 위태롭고 은미한 것만 말하고 그 위태롭고 은미한 까닭은 말하지 않았습니다. 그러므로 정밀하고 한결같이 가르쳐주고 정밀하고 한결같이 일하는 방법은 보여주지 아니하여, 뒷사람이 이를 바탕으로 도를 참되게 알고 실천하려고 해도 어렵게 되었습니다. 그러나 그 뒤에 여러 성인이 나타나 서로 이어 공자에 이르러서는 그 법이 크게 갖추어지니,

『대학』의 '격치·성정'과 『중용』의 '명선·성신'이 바로 그 것입니다. 그 뒤 여러 유학자가 번갈아 일어나서 주자에 이르러 그 학설이 크게 밝아지니, 『대학』과 『중용』의 「장구章句」와 「혹문或問」이 그것입니다. 이제 이 두 책을 배워 참된 앎과 실천의 학문을 하게 되면, 중천에 해가 뜬 것 같아 눈을 뜨면 다 볼 수 있고, 큰길이 앞에 놓인 것 같아 발을 들면 밟을 수 있게 되었습니다. 다만 걱정되는 것은 세상의 임금 된 자로서 이 학문에 뜻을 두는 사람이 적다는 것입니다. 혹 뜻을 두더라도 능히 처음과 마침이 있는 사람은 더욱 적습니다. 아! 이것이 도가 전해지지 못하고 정치가 옛날과 같지 못한 까닭이니, 아마 훌륭한 사람을 기다려서 그런 듯합니다.

삼가 생각하옵건대 주상 전하의 신성한 자질은 하늘에서 나셨고, 깊고 밝은 학문이 날로 새로워지시어 학자와 관리가 감복하여 찬탄하지 않는 사람이 없사오니, 전하께서는 이 학문에 자질이 있으시고 그 뜻이 있으시며 그 다스리는 방법과 실천하는 공부에서도 그 시초가 잡혀 있다고 말할 수 있습니다. 그러나 신은 이것으로써 곧 능히 알고 능히 행한다고 하기는 어렵다고 생각합니다.

청컨대 먼저 앎의 일을 말씀드리겠습니다. 자신의 성정과 형색 그리고 일상의 떳떳한 윤리의 가까운 것에서부터 천지만물과 고금 사변의 잡다한 것에 이르기까지 진실한 이치와 지당한 법칙이 존재하지 않음이 없으니, 이른바 스스로 있는 중이란 것이 바로 이것입니다. 그러므로 배움을 멀리하지 않을 수 없고, 물음을 자세히 하지 않을 수 없고, 생각을 삼가지 않을 수 없고, 변별을 분명히 하지 않을 수 없으니, 이 네 가지는 치지의 절목입니다.

네 가지 중에서도 생각을 삼감이 제일 중요합니다. 생각이란 무엇입니까? 마음에 증험하여 그 이욕과 선악의 기미와 의리와 시비의 구분됨을 밝게 가리고 정밀히 연마하여서 조금도 잘못됨이 없는 것이니, 이른바 '위태롭고 은미'한 까닭과 '정밀하고 한결같이 하는 방법'이 이런 것임을 진실되게 안다면 의심할 것이 없을 것입니다. 전하께서는 네 가지 공부에 대하여 이미 그 시초를 열어 시작을 하셨으니, 청컨대 그 시작한 것을 바탕으로 더욱 쌓아가는 공부를 이루시기 바라나이다. 그 절차와 조목은 「혹문」에 자세히 씌어져 있습니다. 거기에 따르면 경으로써 주요한 방법을 삼고, 모든 일에 그 소당연所當然과 소이연所以然의 까닭을 궁구하지 않음이 없으며, 마음을 가라앉혀 고요히 생각하고 반복하여 몸소 겪어 완전히 익히는 극치에 이르게 하여 세월이 오래되어 공력이 깊어짐에 이르면, 하루아침에 홀연히 녹아 풀리고 홀연히 관통함이 있음을 절로 느끼게 될 것입니다. 그때서야 비로소 "체와 용이 한 근원이요, 드러남과 아득한 것이 틈이 없다"는 말이 진실로 그러함을 알게 되어서, 위태롭고 은미한 데서 혼미하지 않고 정밀하고 한결같이 헛갈리지 아니하여 중中을 잡을 수 있게 될 터이니, 이것을 일러 참으로 아는 것이라 말하는 것입니다.

청컨대 이제 다시 실천하는 일을 말씀드리겠습니다. 진실된 뜻은 반드시 그 기미를 살펴 털끝만큼의 잘못됨이 없게 하고, 바른 마음은 반드시 고요함과 움직임을 살펴 한 가지 일에도 부정함이 없게 하고, 몸을 닦는 것은 한 가지라도 방종함에 빠지지 않도록 하고, 집안을 가지런히 하는 것은 한 가지의 치우침에도 버릇되지 않게 하여, 경계하고 두려워하며 조심하며 독실하게 하고 앎에 힘써, 쉬지 않는 이 몇 가지가 행해야 하는 것의 절목입니다. 또한 이 가운데서도 심과 의가 가장 긴밀한 관계를 지니고 있습니다. 심은 천군이요, 의는 그것이 발동한 것입니다. 먼저 그 발동한 것을 진실되게 하면 하나의 진실됨이 족히 만 가지 거짓을 씻어 없앨 수 있고, 그리하여 그 천군을 바르게 하면 온몸이 명령에 따라 행함이 진실되지 않은 것이 없을 것입니다. 전하께서 이 몇 가지 공부에 대하여 이미 그 시초를 열어 단서를 잡으셨으니, 청컨대 그 단서를 바탕으로 더욱 절실한 공부를 이루시기 바랍니다.

그 근본이 되는 중요한 뜻은, 두 책의 교훈에 따르면 경을 주가 되게 하여 이르는 시간과 장소와 생각마다 잊지 말며,

모든 일에 조심하여 쌓여 있던 습관과 욕심을 마음에서 깨끗이 씻고, 오상과 모든 행동이 지극한 선을 연마하여 먹고 마시면서도 의리에 잠겨 체험하고, 분노와 사욕을 참고 억제하고 잘못을 고쳐, 선을 행함에 '진실됨과 하나 됨'에 힘써 크고 높고 밝게 하되 예법을 떠나지 않고, 나라를 다스리는 정치를 하되 사람이 보지 않는 곳에서도 조심하여야 합니다. 이와 같이 참된 공부를 쌓아 시일이 오래되면, 자연히 의義가 정밀해지고 인에 익숙해져서 그만두려 해도 그만둘 수 없게 되어, 자기도 모르는 사이에 성인과 현인의 중화의 경지에 들어가게 됩니다. 그 실천의 공효가 여기에 이르면, 도가 이루어지고 덕이 서게 되니 지위의 근본이 여기에 있는 것입니다.

사람을 가리고 뽑는 방법은 자신에게서 벗어나지 않는 것이오니, 자신이 바르면 절로 군현이 함께 나오고 공적이 크게 빛나 평등한 세상이 이루어져, 백성을 인과 수의 경지에까지 인도함도 어렵지 않게 될 것입니다. 어떤 사람이 말하기를 "제왕의 학문은 유생들이나 학자들과 같지 않다"고 하지만, 이것은 글 뜻이나 캐고 책 엮기나 잘하는 무리들의 일을 말하는 것입니다. 경으로써 근본을 삼고 이치를 궁구하여 앎을 다하고 몸에 돌이켜 진실된 것을 행하는 일 같은 것에 이르러서는, 묘한 심법과 도학을 전하는 방법에서 제왕과 보통 사람들이 무엇이 다를 게 있겠습니까?

참된 앎과 이를 실천하는 것은 수레의 두 바퀴와 같아서 둘 중 하나가 빠져서도 안 되며, 사람의 두 다리와 같아서 서로 기다려 함께 나아가는 것입니다. 그러므로 정자는 이르기를 "앎에 이르렀으면서 경에 있지 않은 자가 없다"고 하였고, 주자도 이르기를 "지극히 행함에 공부가 없으면 이를 궁구할 곳도 없다"고 하였습니다. 그러므로 두 선생의 공부는 합하여 말하면 서로 처음과 끝이 되고, 나누어 말하면 각각의 처음과 끝이 또 있습니다.

　오호라! 처음이 없으면 끝이 없는 것은 물론이요, 끝이 없으면 처음이 무슨 쓸데가 있겠습니까? 사람의 학문이 대개 처음 시작이 있고 마치는 것이 없거나, 처음에 부지런하고 끝에 게으르거나, 처음에 조심하고 끝에 방사하여 들락날락하는 마음으로 하다 말다 하다가 마침내 덕을 잃고 나라를 그르치는 결과가 많으니, 이 무슨 까닭이겠습니까? 위태로운 것은 인심이라 욕심에 빠지기 쉽고 천리로 돌아가기 어려우며, 은미한 것은 도심이라 잠깐 천리에 눈을 뜨다가도 곧 인욕에 의해 눈을 감아버리기 때문입니다. 이제 빠지기 쉬운 것은 물러서 그렇지 못하게 하고 잠깐 눈뜨는 것은 계속하여, 끝이 없이 여러 왕이 서로 전하는 '중을 잡는다는 실제적인 일'을 성취시키려면, 정밀하고 한결같이 하는 공부가 아니고서는 무엇으로 할 수 있겠습니까? 부열이 말하기를 "학문의 뜻을 겸손하게 하고 시종 끊임없이 배움을 생각하면 그 덕이 모르는 사이에 닦아진다"고 하였으며, 공자가 말씀하시기를 "이를 곳을 알아 이르면 가히 더불어 도에 가까이할 수 있으며, 그칠 곳을 알아 그치면 가히 더불어 의意를 보존할 수 있다"고 하였습니다. 임금께서는 유의하시기 바라나이다.

其三曰. 敦聖學. 以立治本. 臣聞. 帝王之學. 心法之要. 淵源於大
기삼왈. 돈성학. 이립치본. 신문. 제왕지학. 심법지요. 연원어대
舜之命禹. 其言曰. 人心惟危. 道心惟微. 惟精惟一. 允執厥中. 夫
순지명우. 기언왈. 인심유위. 도심유미. 유정유일. 윤집궐중. 부
以天下相傳. 欲使之安天下也. 其爲付囑之言. 宜莫急於政治. 而
이천하상전. 욕사지안천하야. 기위부촉지언. 의막급어정치. 이
舜之於禹. 丁寧告戒. 不過如此者. 豈不以學問成德. 爲治之大本
순지어우. 정녕고계. 불과여차자. 기불이학문성덕. 위치지대본
也. 精一執中. 爲學之大法也. 以大法而立大本. 則天下之政治.
야. 정일집중. 위학지대법야. 이대법이립대본. 즉천하지정치.
皆自此而出乎. 惟古之聖謨若此. 故雖以如臣之愚. 亦知聖學爲至
개자차이출호. 유고지성모약차. 고수이여신지우. 역지성학위지
治之本. 而僭有獻焉. 雖然. 舜之此言. 但道其危微. 而不及其危微
치지본. 이참유헌언. 수연. 순지차언. 단도기위미. 이불급기위미
之故. 但教以精一. 而不示以精一之法. 後之人. 雖欲據此而眞
지고. 단교이정일. 이불시이정일지법. 후지인. 수욕거차이진

知實踐乎道. 殆亦難矣. 其後列聖相承. 至孔氏而其法大備. 大學
지실천호도. 태역난의. 기후렬성상승. 지공씨이기법대비. 대학
之格致誠正. 中庸之明善誠身是也. 諸儒迭興. 逮朱氏而其說大
지격치성정. 중용지명선성신시야. 제유질흥. 체주씨이기설대
明. 大學. 中庸之章句或問是也. 今從事於此二書. 而爲眞知實踐
명. 대학. 중용지장구혹문시야. 금종사어차이서. 이위진지실천
之學. 比如大明中天. 開眼可覩. 如周道當前. 擧足可履. 所患世
지학. 비여대명중천. 개안가도. 여주도당전. 거족가리. 소환세
之人君. 能有志此學者鮮矣. 其或有志. 而能有始有終者. 爲尤鮮
지인군. 능유지차학자선의. 기혹유지. 이능유시유종자. 위우선
焉. 嗚呼. 此道之所以不傳. 治之所以不古也. 而其亦有待而然乎.
언. 오호. 차도지소이부전. 치지소이불고야. 이기역유대이연호.
恭惟主上殿下神聖之資. 出於天卑. 睿哲之學. 進於日新. 儒臣講
공유주상전하신성지자. 출어천비. 예철지학. 진어일신. 유신강
官. 無不聳服而讚歎也. 則殿下之於此學. 有其資有其志矣. 其於
관. 무불용복이찬탄야. 즉전하지어차학. 유기자유기지의. 기어
致知之方. 力行之功. 亦可謂有其始矣. 然而愚臣妄意. 恐不可執
치지지방. 역행지공. 역가위유기시의. 연이우신망의. 공불가집
此而遽以爲能知能行也. 臣請先以致知一事言之. 自吾之性情形
차이거이위능지능행야. 신청선이치지일사언지. 자오지성정형
色日用彛倫之近. 以至於天地萬物古今事變之多. 莫不有至實之理.

색일용이륜지근. 이지어천지만물고금사변지다. 막불유지실지리.
至當之則存焉. 卽所謂天然自有之中也. 故學之不可以不博. 問之
지당지칙존언. 즉소위천연자유지중야. 고학지불가이불박. 문지
不可以不審. 思之不可以不愼. 辨之不可以不明. 四者. 致知之目
불가이불심. 사지불가이불신. 변지불가이불명. 사자. 치지지목
也. 而四者之中. 愼思爲尤重. 思者何也. 求諸心而有驗有得之謂
야. 이사자지중. 신사위우중. 사자하야. 구제심이유험유득지위
也. 能驗於心而明辨其理欲善惡之幾. 義利是非之判. 無不硏精.
야. 능험어심이명변기리욕선악지기. 의리시비지판. 무불연정.
無少差謬. 則所謂危微之故. 精一之法. 可以眞知其如此而無疑
무소차류. 즉소위위미지고. 정일지법. 가이진지기여차이무의
矣. 今殿下於四者之功. 旣以啓其始而發其端矣. 臣請因其發端.
의. 금전하어사자지공. 기이계기시이발기단의. 신청인기발단.
而益致其積累之功. 其次第節目. 依或問所示之詳. 敬以爲主. 而
이익치기적루지공. 기차제절목. 의혹문소시지상. 경이위주. 이
事事物物. 莫不窮其所當然與其所以然之故. 沈潛反覆. 玩索體認
사사물물. 막불궁기소당연여기소이연지고. 침잠반복. 완색체인
而極其至. 至於歲月之久. 功力之深. 而一朝不覺其有灑然融釋.
이극기지. 지어세월지구. 공력지심. 이일조불각기유쇄연융석.
豁然貫通處. 則始知所謂體用一源. 顯微無間者. 眞是其然. 而不
활연관통처. 즉시지소위체용일원. 현미무간자. 진시기연. 이불

迷於危微. 不眩於精一而中可執. 此之謂眞知也. 臣請復以力行之
미어위미. 불현어정일이중가집. 차지위진지야. 신청부이력행지

事言之. 誠意必審於幾微. 而無一毫之不實. 正心必察於動靜. 而
사언지. 성의필심어기미. 이무일호지불실. 정심필찰어동정. 이

無一事之不正. 修身則勿陷於一辟. 齊家則毋扭於一偏. 戒懼而謹獨.
무일사지부정. 수신즉물함어일벽. 제가즉무뉴어일편. 계구이근독.

强志而不息. 數者. 力行之目也. 而數者之中. 心意爲最關. 心爲
강지이불식. 수자. 역행지목야. 이수자지중. 심의위최관. 심위

天君. 而意其發也. 先誠其所發. 則一誠足以消萬僞. 以正其天君.
천군. 이의기발야. 선성기소발. 즉일성족이소만위. 이정기천군.

則百體從令. 而所踐無非實矣. 今殿下於數者之功. 亦已啓其始而
즉백체종령. 이소천무비실의. 금전하어수자지공. 역이계기시이

擧其緖矣. 臣請因其擧緖. 而益致其親切之功. 其規模宗旨. 遵二
거기서의. 신청인기거서. 이익치기친절지공. 기규모종지. 준이

書所垂之敎. 敬以爲主. 而隨時隨處. 念念提撕. 件件兢業. 萬累衆
서소수지교. 경이위주. 이수시수처. 염념제시. 건건긍업. 만루중

欲. 洒滌於靈臺. 五常百行. 磨礱乎至善. 食息酬酢. 而涵泳乎義理.
욕. 쇄척어령대. 오상백행. 마롱호지선. 식식수초. 이함영호의리.

懲窒遷改. 而懋勉乎誠一. 廣大高明. 不離於禮法. 參贊經綸. 皆
징질천개. 이무면호성일. 광대고명. 불리어례법. 참찬경륜. 개

原於屋漏. 如是積眞之多. 歷時之久. 自然義精仁熟. 欲罷不能.
원어옥루. 여시적진지다. 력시지구. 자연의정인숙. 욕파불능.

원어옥루. 여시적진지다. 역시지구. 자연의정인숙. 욕파불능.
而忽不自知其入於聖賢中和之域矣. 其實踐之效至此, 則道成德
이홀부자지기입어성현중화지역의. 기실천지효지차. 칙도성덕
立. 而爲治之本. 於是乎在. 取人之則. 果不外身. 自見群賢彙征.
립. 이위치지본. 어시호재. 취인지칙. 과불외신. 자견군현휘정.
績用咸熙 措世於隆平. 納民於仁壽. 有不難矣. 或曰. 帝王之學. 不
적용함희. 조세어륭평. 납민어인수. 유불난의. 혹왈. 제왕지학. 불
與經生學子同. 此謂拘文義工綴緝之類云耳. 至如敬以爲本. 而窮
여경생학자동. 차위구문의공철집지류운이. 지여경이위본. 이궁
理以致知. 反躬以踐實. 此乃妙心法. 而傳道學之要. 帝王之與恒
리이치지. 반궁이천실. 차내묘심법. 이전도학지요. 제왕지여궁
人. 豈有異哉. 抑眞知與實踐. 如車兩輪. 闕一不可. 如人兩脚. 相
인. 기유이재. 억진지여실천. 여차량륜. 궐일불가. 여인량각. 상
待互進. 故程子曰. 未有致知而不在敬者. 朱子曰. 若躬行上未有
대호진. 고정자왈. 미유치지이부재경자. 주자왈. 약궁행상미유
工夫. 亦無窮理處. 是以. 二者之功. 合而言之. 相爲始終. 分而言
공부. 역무궁리처. 시이. 이자지공. 합이언지. 상위시종. 분이언
之. 則又各自有始終焉. 嗚呼. 不始固無終也. 無終則安用始. 而
지. 즉우각자유시종언. 오호. 불시고무종야. 무종즉안용시. 이
人主之學. 率多有始而無終. 始勤而終怠. 始敬而終肆. 以一出一
인주지학. 솔다유시이무종. 시근이종태. 시경이종사. 이일출일

入之心. 爲或作或輟之事. 卒同歸於蔑德而迷國者. 何哉. 莫危者
입지심. 위혹작혹철지사. 졸동귀어멸덕이미국자. 하재. 막위자
人心. 易陷於欲. 而難復乎理. 莫微者道心. 蹔開於理. 而旋閉于欲
인심. 이함어욕. 이난복호리. 막미자도심. 잠개어리. 이선폐우욕
故也. 今欲使易陷者. 退聽而不得作. 蹔開者. 接續而無間斷. 以成
고야. 금욕사이함자. 퇴청이부득작. 잠개자. 접속이무간단. 이성
就於帝王相傳執中之學. 非精之一之之功. 何以哉. 傅說曰. 惟學
취어제왕상전집중지학. 비정지일지지공. 하이재. 부설왈. 유학
遜志. 念終始典于學. 厥德修罔覺. 孔子曰. 知至至之. 可與幾也.
손지. 염종시전우학. 궐덕수망각. 공자왈. 지지지지. 가여기야.
知終終之. 可與存義也. 惟聖明之留意焉. 則幸甚.
지종종지. 가여존의야. 유성명지류의언. 즉행심.

넷째, 도술을 밝혀 사람의 마음을 바로잡으소서.

신이 듣기로는 당우[59] 3대가 융성할 때는 도술이 크게 밝아 다른 갈림길로 나뉘고 현혹됨이 없어서 사람들의 마음이 바르고, 다스려 교화시키는 것을 행하기 쉬웠다고 합니다. 하지만 주나라가 쇠한 이후로는 도술이 밝지 못하여 사특한 학설들이 함께 생겨나서 인심이 바르지 못하여 다스려도 다스려지지 않고, 교화시키려 해도 교화되기 어려웠습니다.

무엇을 도술이라 합니까? 바로 천명에서 비롯되어 올바른

윤리를 행하여 천하와 고금이 함께하는 길입니다. 요순과 세왕은 이것을 알고 그 지위를 얻었으므로 그 혜택이 천하에 미쳤고, 공자와 증자, 자사자, 맹자는 이것을 알았지만 지위를 얻지 못하여 가르침만이 만세에 전하였습니다. 후세의 사람들은 그 가르침으로 도를 얻었으나 그 세대에 밝히지 못하여서, 진리를 혼란시키는 이단의 설과 바른 도를 더럽히는 공리의 무리가 선동하고 유혹하며 돌아다니면서 인심을 어지럽히니, 그 화를 일으키는 단서가 하늘에 닿아 구할 수 없게 되었습니다. 다만 중간에 송대 제현들이 이 도를 크게 천명하였으나 모두 당세에 등용되지 못하여, 그 떳떳한 가르침을 밝혀 인심을 바로잡는 것도 당시에 효과를 거두지 못하고 다만 만세에 전하게 되었습니다.

우리 동방은 바닷가에 치우쳐 있어서 기자의 「홍범」이 전함을 잃고 지나온 세대가 망망하여 알 수 없었는데, 고려 말에 정주의 글이 처음 이르러 도학을 알 수 있게 되었고, 조선에 들어와서는 성왕들이 서로 이어 업을 창건하고 전통을 드리웠으니, 그 규모와 전장은 대개 모두 이 도의 응용이었습니다. 그러나 개국으로부터 오늘에 이르기까지 200년의 다스림과 효과를 선왕의 도로써 헤아려보면, 여러 성인을 죄송한 마음에 차마 뵈올 낯이 없는 것은 역시 도술이 밝아지지 못하고 여러 설이 인심을 해함이 많기 때문입니다.

이제 주상 전하께서 요순의 자질로써 제왕의 학문을 몸소 실천하시어 옛 도에 뜻을 두시고, 다스려짐을 구하기를 목마르듯 하시어 장차 유학의 도리와 문화를 일으켜 지금 세대를 당우 3대의 융성함에 올려놓으실 생각이시니, 진실로 우리 동방에서는 천 년에 한 번 있는 기회로서 조정과 백성 모두 기뻐하여 눈을 씻으며 서로 기뻐하지 않는 이가 없습니다. 그러나 만약 선왕의 도술을 밝히어 그 세대의 나아가야 할 방향을 정하여 인솔하고 지도하지 않는다면, 어떻게 나라 사람으로 하여금 쌓인 의혹을 풀고 빗나간 길을 버리고 변화하여 대중지정大中至正(크게 치우치지 않으면 바름에 이른다)한 가르침을 따르게 할 수 있겠습니까? 그러므로 신은 반드시 도술을 밝히고 인심을 바로잡는 것을 새로운 정치의 방책으로 삼는 바입니다. 비록 그렇기는 하오나 그 밝히는 일에 있어서 또 근본과 말단, 선과 후, 급한 것과 천천히 하여야 할 시책이 있고, 그 본말에 또 허와 실의 다름이 있으니, 임금이 행하고 마음으로 얻은 것을 근본을 삼아 백성의 일상생활에 떳떳한 윤리의 교화를 행하는 것이 근본이요, 남의 법제를 따르고 문물의 겉치레나 하고 지금의 것을 옛것으로 고치어 모방하고 비교하는 것은 말단입니다. 근본은 먼저 할 바이니 급한 것이요, 말단은 뒤에 할 바이니 천천히 해도 좋은 것입니다. 그러나 그 도를 얻어 왕의 덕이 이루어지면 본말이 다 실재하여 당우의 다스림이 되고, 그 도를 잃어 왕의 덕이 그르게 되면 본말이 다 헛되게 되어 말세의 재앙이 되는 것이니, 헛된 것을 믿고 성인의 정치가 이루어지기를 바랄 수 없음은 물론이요, 요법에 어두우면서 마음으로 얻는 묘책을 구한다는 것 또한 안 되는 일입니다. 이제 전하께서 진실로 헛된 것은 믿을 수 없는 것임을 아시고, 요법을 구하여 도학을 밝히려 하시거든, 신이 앞에서 논한 '진실되게 아는 것'과 '실천의 설'을 깊이 명심하시어 경으로써 시작하시고 경으로써 끝을 맺으시기 바랍니다. 시작하실 때 앎이 애매하여 깊고 밝지 못하거나 행함이 혹 모순되어 잘 들어맞지 않더라도, 이것 때문에 함부로 기피하거나 주저하는 마음을 갖지 마시기 바랍니다. 마땅히 알아야 할 것은 "성인은 나를 속이지 않는다. 다만 나의 공력이 이르지 못했을 뿐이다"라고 하는 것이니, 힘쓰고 힘써 중간에 그만둠이 없이 오래 공력을 쌓아 익숙해지면 절로 정의입신精義入神의 경지에 이르게 되어 도리가 훤히 내다보이고, 얼굴과 몸에 수양의 효과가 넘쳐흐르고, 신변의 사물이 어느 것이나 내 수양의 자원이 되지 않는 것이 없게 될 터이니, 이것을 일러 "지극히 행하고 마음으로 얻어 도가 자기에게 밝아졌다"고 하는 것이며, 요순과 문왕의 '극명덕克明德'이란 것입니다. 이로부터 미루어 가면 어디를 가나 도가 아닌 것이 없으니, 구족을 친하게 하고 백성은 골고루 밝아지게 되며, '관저와 인지의 화化'[60]로부터 '작소와 추우의 덕德'[61]'에까지 이르게 되는 것입니다. 지금이라고 어찌 요순과 문왕의 때와 다르겠습니까? 덕스러운 교화가 향기롭게 풍기어 안과 밖이 융화하고 조정에는 경과 양讓이 지켜지고 가정에는 효와 제悌가 행해지며, 선비는 학문을 알고 백성은 의義를 알게 되니, 인심이 어찌 바르지 못할 것이 있으며 도술이 어찌 밝지 못할 것이 있겠습니까? 순자는 이르기를 "임금은 그릇과 같다. 그릇이 모나면 물 또한 모나게 된다. 임금이란 말뚝과 같다. 말뚝이 바르면 그림자도 곧다"고 하였습니다. 어찌 그렇지 않겠습니까?

비록 보잘것없는 신하의 사사로운 근심이요 지나친 생각인지 모르겠사오나, 신은 인심기혹人心岐惑에 대하여 특히 더 느끼는 바가 있습니다. 신이 생각하기에는 이단의 해로움은 불교가 가장 심하여 고려가 이로 인하여 망하게 되었고, 우리 조선의 융성한 다스림으로도 그 뿌리를 아직도 끊어버리지 못하여 이따금 때를 타서 일어납니다. 비록 선왕이 그 옳지 않음을 곧 깨닫고 제거해 버렸으나 남은 여파가 아직도 있고, 노장老莊의 허무를 가끔 즐겨 숭상하여 성인을 업신여기고 예의를 멸시하는 풍조가 때때로 일어나며, 관중과 상앙의 술수는 다행히 전술되지는 않았으나 힘써 제 이익만 탐내는 폐단은 아직도 고질적으로 남아서, 향원의 덕을 어지럽히는 습관은 말류들의 세상 아첨에서 시작되었고, 세속적인 학문의 방향을 잃는 근심은 과거 보는 사람들이 이름만을 드러내고자 하는 것에서 더욱 심해졌습니다. 이름만을 찾고 벼슬을 구하는 일에 기회를 엿보고 틈새를 타서 요리 붙고 조리 붙는 무리들이 또 어찌 다 없어졌다고 할 수 있겠습니까? 이로써 보면 오늘날 인심의 부정함이 지극히 심합니다. 만약 불행히 주상께서 도를 지향하는 마음이 처음만 같지 못하게 되어 혹 호오好惡의 치우친 것에서 나타나고, 혹 사사로운 것에서 새 나간다면, 이런 종류의 사람들은 반드시 함께 나와 도깨비처럼 요술을 피우며 백 가지 단서를 통해 뚫고 들어오려고 할 터이니, 한 번 그것에 넘어가면 곧 그들과 더불어 변하게 됩니다. 그쪽이 좋아하면 이쪽이 싫어하고, 그쪽을 편들면 이쪽은 원수가 되는 것입니다. 자고로 임금이 처음엔 맑고 밝아 그 정치가 볼 만하다가도 얼마 후에는 간사한 말에 넘어가고 이단에 혹하여 공을 무너뜨리고 나라를 망치는, 마치 송의 철종·휘종·영종·이종같이 되는 자가 얼마든지 있습니다.

　엎드려 바라옵건대 전하께서는 옛사람이 도를 잃은 것을 오늘의 거울로 삼아 뜻을 굳게 잡으시고 시종일관 변함없이 해와 달과 같이 도를 밝히시어 간사한 기운을 텅 비워서 간섭하지 못하게 하시고, 모두 마땅히 구하여야 할 것으로 도를 가르치고 다스림을 구하신다면, 일어나려고 하는 선비와 스스로 새로워지려고 하는 백성이 다 큰 도에 오를 뿐 아니라, 전날의 여러 사악한 무리와 간사한 무리도 장차 신령스러운 변화에 따라 변하게 될 것이오니, 어찌 제가 감히 걱정할 것이 있겠습니까. 『주역』에 이르기를 "성인이 그 도에 오래 머물면 천하가 교화된다"고 하였고, 맹자는 이르기를 "군자는 상도에 돌아갈 뿐이다. 상도가 바르면 백성이 일어나고, 백성이 일어나면 사특함이 없어진다"고 하였습니다. 오직 임금께서 유의하시기 바라나이다.

> 其四曰. 明道術. 以正人心. 臣聞. 唐虞三代之盛. 道術大明. 而無
> 기사왈. 명도술. 이정인심. 신문. 당우삼대지성. 도술대명. 이무
> 他岐之惑. 故人心得正. 而治化易治也. 衰周以後. 道術不明. 而邪
> 타기지혹. 고인심득정. 이치화이흡야. 쇠주이후. 도술불명. 이사
> 慝並興. 故人心不正. 治之而不治. 化之而難化也. 何謂道術. 出於
> 특병흥. 고인심부정. 치지이불치. 화지이난화야. 하위도술. 출어
> 天命. 而行於彝倫. 天下古今所共由之路也. 堯舜三王. 明乎此而得
> 천명. 이행어이륜. 천하고금소공유지로야. 요순삼왕. 명호차이득
> 其位. 故澤及於天下. 孔・曾・思・孟. 明乎此而不得位. 故教傳於
> 기위. 고택급어천하. 공・증・사・맹. 명호차이부득위. 고교전어
> 萬世. 後世人主. 惟不能因其教而得其道. 以倡明於一世. 是以.
> 만세. 후세인주. 유불능인기교이득기도. 이창명어일세. 시이.
> 異端亂眞之說. 功利醜正之徒. 得以鼓惑馳驟. 陷溺人心. 其禍滔

이단란진지설. 공리추정지도. 득이고혹치취. 함닉인심. 기화도
天而莫之救也. 中間. 有宋諸賢. 大闡斯道. 而俱不得見用於世. 其
천이막지구야. 중간. 유송제현. 대천사도. 이구부득견용어세. 기
所以明彛敎正人心者. 亦不能收功於一時. 而止傳於萬世矣. 矧我東
소이명이교정인심자. 역불능수공어일시. 이지전어만세의. 신아동
方僻在海隅. 箕範失傳. 歷世茫茫. 至于麗氏之末. 程朱之書始至.
방벽재해우. 기범실전. 역세망망. 지우려씨지말. 정주지서시지.
而道學可明. 入于本朝. 聖聖相承. 創業垂統. 其規模典章. 大抵皆
이도학가명. 입우본조. 성성상승. 창업수통. 기규모전장. 대저개
斯道之發用也. 然而自肇國至于今日. 將二百年于玆. 撫覽治效.
사도지발용야. 연이자조국지우금일. 장이백년우자. 무람치효.
而揆以先王之道. 猶未免有所歉然於列聖之心者. 無他焉. 亦曰道
이규이선왕지도. 유미면유소겸연어렬성지심자. 무타언. 역왈도
術不明. 而他岐之害人心者多也. 方今主上殿下以堯舜之資. 躬帝
술불명. 이타기지해인심자다야. 방금주상전하이요순지자. 궁제
王之學. 志邁古昔. 求治如渴. 蓋將以興起斯文. 措一世於唐虞三
왕지학. 지준고석. 구치여갈. 개장이흥기사문. 조일세어당우삼
代之隆. 誠爲我東方千載一時. 朝野欣欣然莫不拭目而相慶. 然於
대지륭. 성위아동방천재일시. 조야흔흔연막불식목이상경. 연어
是乎若不明先王之道術. 定一代之趣尙. 以表率而導迪之. 亦何能
시호약불명선왕지도술. 정일대지추상. 이표솔이도적지. 역하능

使一國之人. 回積惑而舍多岐. 一變而從我於大中至正之敎乎. 故
사일국지인. 회적혹이사다기. 일변이종아어대중지정지교호. 고
臣愚必以明道術. 以正人心者. 爲新政之獻焉. 雖則然矣. 而其明
신우필이명도술. 이정인심자. 위신정지헌언. 수칙연의. 이기명
之之事. 亦有本末先後緩急之施. 其本末. 又有虛實之異歸焉. 本
지지사. 역유본말선후완급지시. 기본말. 우유허실지이귀언. 본
乎人君躬行心得之餘. 而行乎民生日用彛倫之敎者. 本也. 追蹤乎法
호인군궁행심득지여. 이행호민생일용이륜지교자. 본야. 추종호법
制. 襲美乎文物. 革今師古. 依倣比較者. 末也. 本在所先而急. 末
제. 습미호문물. 혁금사고. 의방비교자. 말야. 본재소선이급. 말
在所後而緩也. 然得其道而君德成. 則本末皆實. 而爲唐虞之治.
재소후이완야. 연득기도이군덕성. 즉본말개실. 이위당우지치.
失其道而君德非. 則本末皆虛. 而有叔季之禍. 固不可恃虛名而斬
실기도이군덕비. 즉본말개허. 이유숙계지화. 고불가시허명이기
聖治之成. 亦不可昧要法而求心得之妙也. 今殿下誠能知虛名之
성치지성. 역불가매요법이구심득지묘야. 금전하성능지허명지
不可恃. 求要法以明道學. 請必深納於臣前所論眞知實踐之說. 敬
불가시. 구요법이명도학. 청필심납어신전소론진지실천지설. 경
以始之. 敬以終之. 方其始也. 所知者或有黯晦而未瑩. 所行者或有
이시지. 경이종지. 방기시야. 소지자혹유암회이미형. 소행자혹유
矛盾而不合. 請愼勿因此而生厭沮之心. 當知聖賢必不我欺. 但我

모순이불합. 청신물인차이생염저지심. 당지성현필불아기. 단아
功力未至. 勉勉循循. 而不廢於中道. 如此積習之久. 純熟之餘. 自
공력미지. 면면순순. 이불폐어중도. 여차적습지구. 순숙지여. 자
至於精義入神. 而目牛無全. 睟面盎背. 而左右逢原. 此之謂躬行心
지어정의입신. 이목우무전. 수면앙배. 이좌우봉원. 차지위궁행심
得. 而道明於己. 帝堯文王之克明德. 是也. 自此而推之. 無適而非
득. 이도명어기. 제요문왕지극명덕. 시야. 자차이추지. 무적이비
道. 親九族而平百姓. 由睢, 麟以及鵲, 騶. 今豈異於堯, 文之時
도. 친구족이평백성. 유휴, 인이급작, 추. 금기이어요, 문지시
哉. 德化薰蒸. 內外融徹. 朝敬讓而家孝悌. 士知學而民知義. 人心
재. 덕화훈증. 내외융철. 조경양이가효제. 사지학이민지의. 인심
其有不正. 道術其有不明者乎. 荀子曰. 君者. 盂也. 盂方則水方.
기유부정. 도술기유불명자호. 순자왈. 군자. 우야. 우방즉수방.
君者. 表也. 表正則影直. 豈不信哉. 雖然. 微臣之私憂過計. 更於
군자. 표야. 표정즉영직. 기불신재. 수연. 미신지사우과계. 경어
人心岐惑之說. 特有感焉. 臣伏見東方異端之害. 佛氏爲甚. 而高
인심기혹지설. 특유감언. 신복견동방이단지해. 불씨위심. 이고
麗氏以至於亡國. 雖以我朝之盛治. 猶未能絶其根柢. 往往投時而
려씨이지어망국. 수이아조지성치. 유미능절기근저. 왕왕투시이
熾漫. 雖賴先王旋覺其非. 而汎掃去之. 餘波遺燼. 尙有存者. 老·
치만. 수뢰선왕선각기비. 이신소거지. 여파유신. 상유존자. 노·

莊之虛誕. 或有耽尙. 而侮聖蔑禮之風間作. 管商之術業. 幸無傳
장지허탄. 혹유탐상. 이모성멸례지풍간작. 관상지술업. 행무전
述. 而計功謀利之弊猶錮. 鄕原亂德之習. 濫觴於末流之媚世. 俗
술. 이계공모리지폐유고. 향원란덕지습. 남상어말류지미세. 속
學迷方之患. 燎原於擧子之逐名. 而況名途宦路. 乘機抵巇. 反側欺
학미방지환. 요원어거자지축명. 이황명도환로. 승기저희. 반측
負之徒. 亦安可謂盡無也. 以此觀之. 今之人心. 不正甚矣. 設若不
기부지도. 역안가위진무야. 이차관지. 금지인심. 부정심의. 설약불
幸. 而主上嚮道之心. 少不如初. 或見於好惡之偏. 或漏於己私之
행. 이주상향도지심. 소불여초. 혹견어호악지편. 혹루어기사지
隙. 則凡此數等之人. 必有雜然並進. 魅魅魍魎. 舞術眩怪. 百端攻鑽.
극. 즉범차수등지인. 필유잡연병진. 이매망량. 무술현괴. 백단공찬.
一爲所中. 則便與之俱化於彼矣. 化於彼則變於此. 好在彼則惡在
일위소중. 즉편여지구화어피의. 화어피즉변어차. 호재피즉오재
此. 黨乎彼則仇乎此. 自古人君. 始初淸明. 其政可觀. 旣而. 爲姦
차. 당호피즉구호차. 자고인군. 시초청명. 기정가관. 기이. 위간
邪所中. 異端所惑. 以敗功殄國. 如宋之哲·徽·寧·理之爲者.
사소중. 이단소혹. 이패공진국. 여송지철·휘·녕·이지위자.
何可勝數. 伏願殿下以古之失道. 爲今之明鑑. 執志如金石. 貫始
하가승수. 복원전하이고지실도. 위금지명감. 집지여금석. 관시
終而毋渝. 明道如日月. 廓氛陰而罔干. 勿論講道與求治. 皆要常久而
종이무유. 명도여일월. 확분음이망간. 물론강도여구치. 개요상구이

종이무투. 명도여일월. 곽분음이망간. 물론강도여구치. 개요상구이
不已. 則不但待興之士. 自新之民. 皆升于大猷. 向之群邪雜慝. 亦
불이. 즉부단대흥지사. 자신지민. 개승우대유. 향지군사잡특. 역
將受變於神化之不暇. 安敢或進而爲吾患哉. 易曰. 聖人久於其道.
장수변어신화지불가. 안감혹진이위오환재. 역왈. 성인구어기도.
而天下化成. 孟子曰. 君子反經而已矣. 經正則庶民興. 庶民興則
이천하화성. 맹자왈. 군자반경이이의. 경정즉서민흥. 서민흥즉
斯無邪慝矣. 惟聖明之留意焉. 則幸甚.
사무사특의. 유성명지류의언. 즉행심.

다섯째, 복심을 미루어 이목을 다스리옵소서.

신이 듣기로는 한 나라의 체는 한 사람의 몸과 같다 하옵니다. 사람의 몸에 머리가 위에 있어서 아래를 아울러 관장하고, 복심이 가운데서 이를 이어받아 일을 맡고, 이목이 옆으로 퍼져 호위하고 일깨워 주어야, 몸이 편안할 수 있는 것입니다. 임금이란 한 나라의 머리요, 대신은 그 복심이요, 대간은 그 이목입니다. 삼자는 서로 기다리어 서로 이루는 것이니 이는 나라가 지니는 떳떳한 모양이요, 천하 고금이 모두 아는 것입니다.

옛 임금 중에 대신을 신임하지 않고 대간의 말을 듣지 않는 자가 있었는데, 이는 비유하자면 사람이 그 복심을 스스로

끊고 그 이목을 스스로 막는 것과 같으니, 머리만 홀로 있다고 해서 사람이 되지는 않습니다.

혹 대신을 신임하는 자가 있어도 신임이 그 도에 따르지 않고, 그 대신을 구함에 있어서도 능히 자신을 바르게 고치고 구제하며 보필할 수 있는 어진 자를 구하지 않고, 오직 아첨하고 잘 따르는 자를 구하여 써서 일을 이루려 한다면, 그 얻은 것이 간사하여 정치를 어지럽히는 사람이거나 반드시 흉악하여 권력을 멋대로 휘두르는 사람이 되고 말 것입니다. 임금이 이런 사람을 자기 욕심을 채우는 복심으로 삼으면, 신하는 이런 임금을 자기의 욕심을 채우는 머리로 삼아 상하가 서로 가려지고 서로 결탁하여 다른 사람이 그것을 간여할 수 없게 됩니다. 또한 혹 곧은 선비가 있어서 날카롭게 비판하면 반드시 멀리 귀양을 보내거나 형벌을 가하여 무너뜨리고야 맙니다. 이 때문에 충신과 현인은 다 쫓겨나서 나라 안이 공허하게 되고, 이목의 관직은 모두 요직을 맡은 자의 사사로운 자리가 되어버립니다. 그렇게 되면 이른바 이목이란 것이 머리가 되는 임금의 이목이 아니라, 요직에 앉은 자의 이목이 되는 것입니다. 여기에다 이목을 빙자하여 권세를 높이고 부채질하여 권신의 악한 것을 편든다면, 마음속에 악이 쌓이고 화禍가 쌓여 마침내 어리석은 임금을 사특하게 만들어놓고는 오만하게 각기 자기가 원하는 대로 되었다고 자만하겠지만,

실은 임금의 독기가 복심에서 나오고 복심의 독기가 이목에서 나온 것인 줄을 모르는 것입니다. 이것은 예나 지금이나 같은 수레바퀴 길을 걷는 것이니, 간사하고 사특한 것이 넘어져도 뒤에 오는 자가 그것을 경계 삼을 줄을 모르고 잇달아 그 길을 똑같이 밟는 것입니다. 이는 실로 통탄할 일이 아닐 수 없습니다.

오늘날 조정의 일은 이와 달라서 지금의 임금께서는 성인의 지혜로운 덕이 출중하여 적자의 몸으로 한 나라의 원수가 되셨고, 마음속이 머무르는 곳과 이목을 주관하는 것도 다 여러 사람 중에서 골라 뽑아 그 책임을 무겁게 하였습니다. 『역』에 "같은 소리가 서로 감응하고, 같은 기운이 서로 구하며, 물은 습한 데로 흐르고, 불은 마른 곳에 붙으며, 구름은 용을 따르고, 바람은 호랑이를 따른다!" 라고 이르지 않았습니까? 위로 성스러운 군주께서 계시니 현명한 신하가 없으리라고 염려하지 않습니다. 다만 신은 바라옵건대, 성상께서는 오직 하늘의 밝은 덕을 돌보시고 몸을 공경되게 하여 보좌의 자리를 지키시고, 마음속 깊이 뜻을 정성되게 하시고, 밝은 눈과 밝은 귀로 백성들에게 중을 세우시고, 위에서 지극한 도리를 세워 털끝만큼의 사사로운 뜻도 그 사이에 끼어들어 흔들지 못하게 하시면, 벼슬자리에 앉은 사람들이 모두 풍성하고 뛰어난 정책을 내놓고 도리를 논하면서 나라를 다스려 자신의 책임을 삼을 것이요, 쟁론을 펼치는 선비들도 모두 조정에서 직접 임금의 잘못을 아뢰며 관리들이 모자란 곳이 있으면 채우고, 임금께서 알지 못하는 과실이 있으면 바로잡는 것을 그 자신의 직책으로 삼을 것입니다.

세 가지 형세(머리, 복심, 이목)가 서로 통하여 정신을 모아 일체가 되고서도, 조정에 선한 정치가 이루어지지 않고 나라에 어진 다스려짐이 없고 세상이 융성하고 평안한 지경에 이르지 못한다는 것을 신은 들어본 적이 없습니다. 비록 그러하오나 익이 순임금께 조심히 아뢰기를 "근심이 없을 때 경계하며 법도를 잃지 말고, 안일함과 음란한 즐거움에 빠지지 말고, 어진 사람에게 맡김에 의심하지 말고, 사특함을 버림에 과단성 있게 하라"고 하였습니다. 임금의 마음이 한 번 경계를 태만히 하여 향락에 빠지게 되면, 법도가 곧 뒤따라 무너질 뿐 아니라 어진 사람도 맡겨 쓰지 못하게 되고 사특함도 능히 버리지 못하게 되는 것은, 이치의 형세가 반드시 그러한 것입니다. 그러므로 비록 잘 다스려지는 조정일지라도 혹 불행하게 이러한 징조가 있게 되면, 신하 중에는 임금의 악한 뜻을 좇아 국권을 도적질하려는 자가 생기고, 신분이 낮은 관리들 중에는 세력 있는 자에 아첨하여 자기의 사사로운 이익을 탐하려는 자가 생겨나, 드디어 이전의 마음가짐이 변하여 오늘의 도둑이 되고, 예전의 이목이 변하여 오늘의 눈가림이 되고, 예전의 한마음이 변하여 호월[62]이 되어서, 쇠퇴하고 혼란한 형세와 위태로운 사태가 기다리지 않고 곧 눈앞에 당도하게 될 것입니다. 고요皐陶의 노래에 이르기를 "머리가 좀스러우면 온몸이 게으르고 만사가 무너진다"고 하였습니다. 만사가 무너지는 것은 그 책임이 머리에 있다는 말입니다. 송나라 신하 왕개지가 말하기를 "재상이 궁궐의 뜻을 받들고 집에서 부리는 심부름꾼이 재상의 뜻을 받들게 되면, 조정의 기강이 땅에 떨어지고 만다"고 하였습니다. 사사로운 이익을 위하여 옳지 못한 길로 가는 해로움은 복심과 이목이 처한 곳과 다를 바가 없다는 말입니다. 또한 여공필이 인종에게 간하기를 "조정에서 임금께 간하는 것은 이목이 되고, 정치를 집행하는 것은 온몸이 된다. 온몸과 이목은 반드시 서로 쓸 수 있어야 온몸이 편안하고 윗머리가 높아진다"고 하였습니다. 그러므로 사사로운 이익을 위하여 옳지 못한 길을 밟지 않고 서로가 서로의 쓰임이 되는 것을 지극히 선한 도라고 하옵니다. 부디 성명께서 유의하시기 바랍니다.

> 其五曰. 推腹心. 以通耳目. 臣聞. 一國之體. 猶一人之身也. 人之
> 기오왈. 추복심. 이통이목. 신문. 일국지체. 유일인지신야. 인지
> 一身. 元首居上而統臨. 腹心承中而幹任. 耳目旁達而衛喩. 然後
> 일신. 원수거상이통림. 복심승중이간임. 이목방달이위유. 연후
> 身得安焉. 人主者. 一國之元首也. 而大臣其腹心也. 臺諫其耳目

신득안언. 인주자. 일국지원수야. 이대신기복심야. 대간기이목
也. 三者相待而相成. 實有國不易之常勢. 而天下古今之所共知
야. 삼자상대이상성. 실유국불역지상세. 이천하고금지소공지
也. 古之人君. 有不信任大臣. 不聽用臺諫者. 譬如人自決其腹心.
야. 고지인군. 유불신임대신. 불청용대간자. 비여인자결기복심.
自塗其耳目. 固無元首獨成人之理. 其或有信任大臣. 而不由其
자도기이목. 고무원수독성인지리. 기혹유신임대신. 이불유기
道. 其求之也. 不求其能匡濟輔弼之賢. 而惟求其阿諛順旨者. 以
도. 기구지야. 불구기능광제보필지현. 이유구기아유순지자. 이
謀遂其私. 是其所得者. 非姦邪亂政之人. 則必兇賊擅權之夫. 君
모수기사. 시기소득자. 비간사란정지인. 즉필흉적천권지부. 군
以此人爲濟欲之腹心. 臣以此君爲濟欲之元首. 上下相蒙. 締結牢
이차인위제욕지복심. 신이차군위제욕지원수. 상하상몽. 체결뢰
固. 人莫能間. 而一有鯁直之士. 觸犯其鋒. 則必加之竄謫誅戮. 爲虀
고. 인막능간. 이일유경직지사. 촉범기봉. 즉필가지찬적주륙. 위제
爲粉而後已焉. 由是忠賢盡逐. 國內空虛. 而耳目之司. 皆爲當路
위분이후이언. 유시충현진축. 국내공허. 이이목지사. 개위당로
之私人矣. 則所謂耳目者. 非元首之耳目也. 乃當路之耳目也. 於
지사인의. 즉소위이목자. 비원수지이목야. 내당로지이목야. 어
是. 憑耳目而鼓勢煽焰. 以黨助權臣之惡. 由腹心而積戾稔禍. 以
시. 빙이목이고세선염. 이당조권신지악. 유복심이적려임화. 이

蓄成闇主之慝. 侈然自以爲各得所欲. 而不知元首之鴆毒發於腹心.
축성암주지특. 치연자이위각득소욕. 이부지원수지짐독발어복심.
腹心之蛇蠍起於耳目也. 此古今一轍. 前者旣覆. 後不知戒. 相尋而
복심지사헐기어이목야. 차고금일철. 전자기복. 후부지계. 상심이
未已. 誠可痛也. 今日朝廷之事則異於是. 聖智之德. 首出庶物.
미이. 성가통야. 금일조정지사칙이어시. 성지지덕. 수출서물.
而正位居體. 爲一國之元. 而其於腹心之地. 耳目之官. 亦皆選於
이정위거체. 위일국지원. 이기어복심지지. 이목지관. 역개선어
衆而重其責矣. 易不云乎. 同聲相應. 同氣相求. 水流濕. 火就燥.
중이중기책의. 역불운호. 동성상응. 동기상구. 수류습. 화취조.
雲從龍. 風從虎. 上有聖主. 不患其無賢臣也. 臣愚伏願聖上唯當
운종룡. 풍종호. 상유성주. 불환기무현신야. 신우복원성상유당
顧諟天之明命. 恭己南面. 推誠腹心. 明目達聰. 建中于民. 建極于
고시천지명명. 공기남면. 추성복심. 명목달총. 건중우민. 건극우
上. 不以分毫私意. 撓壞於其間. 則居輔相之位者. 必皆以沃心陳
상. 불이분호사의. 요괴어기간. 즉거보상지위자. 필개이옥심진
謨. 論道經邦自任. 處諫諍之列者. 無不以面折廷爭. 補闕拾遺爲
모. 논도경방자임. 처간쟁지렬자. 무불이면절정쟁. 보궐습유위
職. 三勢洞然. 聚精會神. 通爲一體. 若是而朝無善政. 國無善治.
직. 삼세동연. 취정회신. 통위일체. 약시이조무선정. 국무선치.
世不致隆平者. 臣未之聞也. 雖然. 益之戒舜曰. 儆戒無虞. 罔失

세불치륭평자. 신미지문야. 수연. 익지계순왈. 경계무우. 망실
법도. 망유우일. 망음우락. 임현물이. 거사물의. 인주지심. 일태
어경계. 이류어일락. 즉법도지괴. 불사종일. 이현지부종임. 사
지불극거. 역리세지필연야. 고수이치평지조. 기혹불행이일유차
조. 칙대신필유봉군지악. 이도절국병자. 소신필유녕미어조. 이
규도기리자. 수사전일지복심. 금변위구양. 전일지이목. 금변위폐
몽. 전일지일체. 금변위호월. 이쇠란지형. 위망지사. 불대타시.
이립견어전의. 고도지가왈. 원수총좌재. 고굉타재. 만사타재. 언
만사지타. 책재원수야. 송신왕개지언왈. 재상이승궁금의향. 급
사이봉재상풍지. 조정기강소지의. 언사경지위해. 무이어복심이
목지지야. 지려공필지간인종즉왈. 간관위이목. 집정위고굉. 고

肱耳目. 必相爲用. 然後身安而元首尊. 故臣以爲不由邪徑. 而能
굉이목. 필상위용. 연후신안이원수존. 고신이위불유사경. 이능
相爲用. 至善之道也. 惟聖明之留意焉. 則幸甚.
상위용. 지선지도야. 유성명지류의언. 즉행심.

여섯째, 몸을 반성하고 수양하는 것을 정성스럽게 하여 하늘의 사랑을 이어받으옵소서.

신이 듣기로는 동중서가 무제에게 고하기를 "나라에 도를 잃어버리는 큰 잘못이 있으려 할 때 하늘이 먼저 재해를 내려 견책하는 뜻을 알리고, 그래도 스스로 반성할 줄 모르면 또 괴이한 이변을 일으켜 놀라게 하고, 그래도 변할 줄 모르면 해를 입고 패하는 것에 이르나니, 이것으로써 하늘이 임금을 사랑하여 그 환난을 그치게 하려는 것임을 알 수 있다"고 하였습니다. 참으로 뜻 깊은 말입니다. 만세의 임금께서는 마땅히 귀감으로 삼아 가볍게 여겨서는 안 될 것입니다.

그러하오나 임금께서는 여기서 마땅히 "내가 하늘의 뜻을 받드는 것이 어떻게 해야 하는 것인가!"를 알아야 합니다. 이것을 깊이 생각하고 구하여서 참되게 체험하고 행하여야만 천심을 받들고 임금의 도리를 거의 다할 수 있게 될 것입니다. 청컨대 그 까닭을 말씀드리겠습니다. 이르기를 "천지의 큰 덕은 생명을 낳음"이라고 합니다. 무릇 천지 사이에 생명

을 머금은 부류가 여러 가지이니 움직이는 것, 땅에 박힌 것, 큰 것, 작은 것을 모두 하늘이 덮어주고 사랑해 주는 것입니다. 이 중에 특히 우리 사람은 형상이 갖추어지고 가장 영명하여 천지의 마음이 되니, 그 사랑하고 아끼는 것은 더욱 말할 것이 없습니다. 그러나 하늘은 이 마음이 있어도 스스로 베풀지 않고 반드시 가장 영명한 것 가운데에서도 그 덕이 높고 총명하며 신과 인의 조화를 이루고 협력하는 자를 돌보아 임금으로 삼고 백성을 기르는 일을 부탁하여, 그 인애仁愛의 정치를 시행합니다. 이미 명령하고 도와주고 사방을 편안하게 해 주었으나 그래도 혹 게을러서 환란이 소홀한 데에서 생길까 염려하여, 이에 또 이른바 재난과 경계함을 더하게 되는 것입니다.

하늘이 임금에게 이렇게 반복하여 친절하게 하는 까닭은 다름이 아니라 이미 인애의 책임을 임금에게 맡겼으니, 마땅히 인애의 보답을 임금도 게을리 하지 말아야 한다는 뜻을 지니고 있는 것입니다. 진실로 임금 된 자로서 하늘이 나를 이렇게 사랑하는 것이 공연히 그런 것이 아님을 안다면 반드시 그 임금 노릇하기 어렵다는 것을 알 수 있을 것이며, 높고 높은 위에서 날마다 여기를 내려다보며 감시함이 있다는 말이 조금도 거짓이 아님을 알 수 있을 것입니다. 능히 이렇게 되면 평일에는 반드시 마음먹고 몸을 조심히 하여 경과 성으로써 상제를 받들어 빛나게 함이 극진하지 않을 수 없을 것이며, 재난을 만났을 때는 허물을 반성하고 정사를 고치고 닦아 조심함과 실로써 하늘을 감격시키는 데 더욱 마음을 쓰게 될 것입니다. 그렇게 되면 정치가 문란해지지 않고 바로잡혀 나라가 위기에 이르지 않도록 보호되어, 평안함이 있으며 재화와 멸망이 없는 상태가 이루어질 것입니다. 오직 천심을 모르고 그 덕을 삼가지 않는 자만이 모든 것을 이와 반대로 합니다. 그래서 상제가 진노하여 재앙과 멸망을 내리는 것이니, 이는 하늘이 할 수 없이 그리하는 것입니다. 그 또한 심히 두렵지 않사옵니까?

지금 주상 전하께서는 등극하신 지 1년이 되었는데, 윗사람은 공경하시고 아랫사람은 긍휼히 여기시어, 덕을 닦고 정치를 행하시는 동안에 인심에 거슬리거나 하늘에 죄지은 일이 있다는 말은 듣지 못하였습니다. 그런데 천재지변이 자주 일어나고 재앙이 생기고 조화로운 기운은 응하지 않고 보리농사는 황폐하게 되고 홍수가 참혹하게 일어남은 옛날에 없던 바이고, 우박과 풀무치 같은 갖가지 괴이한 것들이 다 나타나니, 하늘이 전하의 무엇에 노하여 이렇게 하시는지 알 수 없습니다. 하늘의 도리는 멀지만 실제로는 가까운 것이며, 하늘의 지위는 지극히 엄하여 장난으로 볼 수 없습니다. 소신은 우매하여 감히 함부로 헤아려 말할 수 없사오나 가만히 동중서의 말로 미루어보면, 이것은 천심이 전하를 사랑함이 깊고, 경계시켜 일깨워 주려는 것이 지극하기 때문인가 합니다. 또 지금 전하께서 이미 하늘의 약속을 얻어 백성을 이끄는 분이 되셨으니, 자리에 올라 정치를 처음 도모하실 때 근심하시면서 도를 생각하시는 날이며, 곧 근본을 단정히 하고 시초를 바르게 할 때이며, 밝은 명을 스스로 깨우칠 때입니다. 만약 마음 편안히 총애 있는 줄만 알고 성대한 위엄이 있는 줄을 모르면, 두려워하는 마음이 날로 해이해지고 어그러지고 또 편벽된 감정이 도리어 거리낌 없이 제멋대로 넘쳐 강물의 둑을 터놓은 것 같아서, 하지 못하는 일이 없게 될 것입니다. 그러므로 재해를 내려 잘못을 깨닫게 하고 또 천재지변을 내려 조심하게 하는 것이니, 천심이 전하를 사랑함이 깊고 간절하고 분명하다 할 수 있습니다.

저는 잘 모르겠습니다. 전하께서는 장차 어떻게 스스로를 수양하여 하늘의 뜻에 맞게 재화의 싹을 없애려 하십니까? 옛적에 공광孔光[63]은 "천도를 걱정할 것 없다"고 하고, 안석은 "천재지변을 두려워할 것 없다"고 하였으나, 이것은 다 속이고 아첨하는 간사한 말로서 하늘에 큰 죄를 짓는 것입니다. 한편 동중서와 유향의 무리는 "아무가 지은 재災는 아무가 지은 잘못에 대한 반응이다"라고 하였으니, 이것은 또 너무 구구하고 고루하여 혹 상응되지 않는 것이 있으면 도리어 임금으로 하여금 하늘의 견책을 두려워하지 않게 하고 염려하지 않는 버릇을 갖게 하니 역시 잘못입니다. 그러므로 신이 생각하기에는 임금은 하늘에 대해 마치 자식이 어버이에 대하는 것과 같아야 합니다. 어버이의 마음이 자식에게 화난 일이 있으면 자식은 두려워하고 수양하고 반성해서, 화난 일이든 화나지 않은 일이든 불문하고 일마다 정성을 다하고 효도를 다한다면, 어버이는 그 정성과 효성에 기뻐하여 화났던 일까지 함께 풀리어 흔적 없이 사라져버리는 것입니다. 그렇지 않고 꼭 어느 한 가지 일을 정하여 그 일에 대해서만 두려워하고 수양하여 반성하고 다른 일에는 여전히 방자하다면, 효도를 다함에 성실하지 못하여 거짓으로 하게 될 터이니, 어찌 어버이의 화난 것을 풀고 기뻐함을 얻을 수 있겠습니까? 바라옵건대 전하께서는 어버이 섬기는 마음을 미루어 하늘 섬기는 도를 다하시어 어느 일에나 수양하고 반성하지 아니함이 없게 하시고, 어느 때나 두려워하지 아니함이 없이 임금 자신에게 비록 잘못이 없더라도 마음 사이의 은미한 곳에 쌓여 있는 흠과 병통을 깨끗이 씻어버리셔야 합니다.

또한 궁궐 안에서는 비록 가법이 본래 있겠지만 친척들과 어두운 무리들이 찾아뵙고 안개처럼 모여드는 따위의 일은 막지 않으면 안 되며, 간언 들으시는 것을 원을 돌리듯 부드럽게 잘하시지만 때로 사사로운 뜻으로써 굳게 거부하시는 일이 있으면 마땅히 고쳐야 할 것이요, 선을 즐김이 비록 색을 좋아하듯 정성스러우시지만 혹 허황된 것으로써 억지로 구하는 데에까지 이르는 일이 있으면 마땅히 살피셔야 할 것입니다. 벼슬과 상을 함부로 하여 공 없는 자가 요행으로 지위를 얻고 공 있는 자가 불평으로 흩어지게 해서는 안 되며, 죄를 사하고 벌줌에 있어서 악한 자가 죄를 면하고 선한 자가 해를 받아서는 안 됩니다. 절의를 숭상하고 염치를 장려하여 바른 가르침을 굳건하게 하는 일에 소홀해서는 안 되며, 검약을 숭상하고 사치를 금지하여 공사公私의 재력財力을 함께 쓰는 일도 느슨하게 해서는 안 됩니다. 조종祖宗의 이루어진 법도와 옛 관습도 오래되면 폐가 생기게 마련이니 약간이라도 변통하지 않으면 안 될 것이나, 좋은 법과 아름다운 뜻까지 모두 뜯어 고치면 반드시 우환을 일으키게 될 것입니다. 높은 지위에 있으면서 바른 것을 미워하고 자신과 다르다고 하여 싫어해서 사단을 일으키는 자들은 미리 진정시켜야 할 것이나, 혹 어질고 착한 사람들의 부류에서 혼자 떨어져 나가 서로 배격하게 되면 반드시 오히려 상처를 입게 될 것입니다. 오로지 옛것을 지키고 관습을 따르려는 신하만 의지하면 정치를 분발하고 진흥시키는 데 방해가 되고, 새로운 일에 나아가는 것만 좋아하는 사람에게 정치를 맡기면 환란의 단서를 일으키게 됩니다. 서울 밖에 있는 서리와 종들은 공납품을 이

리와 같이 뜯어먹고도 오히려 부족하여 군대의 창고를 도적질하여 비우고, 진보鎭堡⁽⁶⁴⁾의 장수들은 군졸을 호랑이 같이 삼키고도 오히려 만족하지 못해 다른 사람들에까지 해독을 퍼뜨립니다. 기근은 이미 극심한데도 구제의 대책이 없으니 여러 도적이 일어날 듯하고, 변방은 공허한데 남북으로 틈이 벌어지니 여러 작은 무리의 뜻밖의 습격이 염려됩니다.

이와 같은 종류의 일은 신이 일일이 열거할 수 없습니다. 오직 전하께서 하늘이 나를 이처럼 사랑해주시는 것이 헛된 일이 아님을 깊이 아시고, 안으로는 몸과 마음에 반성하시어 경으로써 일관하여 중단함이 없게 하시고, 밖으로는 정치를 수행하시어 성으로써 일관하여 거짓 꾸밈이 없게 하시고, 하늘과 사람 사이에 처하심을 앞에 말씀드린 바와 같이 극진히 하시어 비록 가뭄과 홍수로 견책하는 경고가 있더라도 더욱더 두려워하고 수양하여 반성하는 힘을 베푸시면, 하늘이 주시는 인애의 마음을 이어받을 수 있을 것이며, 신이 논한 열여섯 가지의 일 같은 것이 점차 해소되고 고쳐지게 되어 평화로운 정치가 행해지는 경지에 이르게 될 것입니다. 만약 그렇지 못하여 자신의 근본을 세우지 않고 세상이 다스려지기를 바라거나, 그 덕을 변함없이 지니지 않고 하늘의 보답과 응답이 있기를 바라거나, 평시에는 하늘을 섬기고 백성을 긍휼히 여길 줄 모르다가 재난과 변고를 만

나면 문구文具만 갖추어 데면데면하게 응한다면, 신이 생각하건대 불행과 행복이 서로 상극이 되고, 다스려짐과 환란이 서로 기회를 타 수백 년의 평화로움 끝에 국사의 염려됨이 장차 오늘의 폐해보다도 몇 배 더할 것이며, 천심이 전하를 사랑함이 도리어 전하에게 자포자기의 결과가 되지 않을까 염려됩니다.

『서경』에 이르기를 "황천은 친함이 없으나 오직 잘 공경하는 자와 친하며, 백성은 항상 그리워하는 사람이 없으나 오직 인덕을 가진 자를 그리워하며, 귀신은 받는 제향이 없으나 오직 정성 어린 제향만 받는다"고 하였고, 『시경』에 이르기를 "천天의 위엄을 두려워하여 언제나 그 뜻을 보전하라"고 하였습니다. 오직 성명께서 유의하시기를 바라나이다.

> 其六曰. 誠修省. 以承天愛. 臣聞. 董仲舒告武帝之言曰. 國家將 기육왈. 성수성. 이승천애. 신문. 동중서고무제지언왈. 국가장 有失道之敗. 天乃先出災害. 以譴告之. 不知自省. 又出怪異. 以 유실도지패. 천내선출재해. 이견고지. 부지자성. 우출괴이. 이 警懼之. 尚不知變. 而傷敗乃至. 以此見天心之仁愛人君. 而欲止 경구지. 상부지변. 이상패내지. 이차견천심지인애인군. 이욕지 其亂也. 旨哉言乎. 誠萬世人主之龜鑑. 而不可忽焉者也. 雖然. 기란야. 지재언호. 성만세인주지구감. 이불가홀언자야. 수연. 人主於此. 又當知天心之所以仁愛我者. 何故而然. 又當知我所以

인주어차. 우당지천심지소이인애아자. 하고이연. 우당지아소이
奉承天心者. 何道而可. 無不深思熟講而實體行之. 然後庶可以享
봉승천심자. 하도이가. 무불심사숙강이실체행지. 연후서가이향
天心而盡君道矣. 臣請爲殿下言其故. 竊謂天地之大德曰生. 凡天
천심이진군도의. 신청위전하언기고. 절위천지지대덕왈생. 범천
地之間. 含生之類. 總總林林. 若動若植. 若洪若纖. 皆天所閔覆
지지간. 함생지류. 총총림림. 약동약식. 약홍약섬. 개천소민복
而仁愛. 而況於吾民之肖象而最靈. 爲天地之心者乎. 然天有是
이인애. 이황어오민지초상이최령. 위천지지심자호. 연천유시
心. 而不能以自施. 必就夫最靈之中. 而尤眷其聖哲元良德恊于神
심. 이불능이자시. 필취부최령지중. 이우권기성철원량덕협우신
人者. 爲之君. 付之司牧. 以行其仁愛之政. 旣命之佑之. 而寵綏
인자. 위지군. 부지사목. 이행기인애지정. 기명지우지. 이총수
四方矣. 猶恐其或怠而難生於所忽也. 於是乎又有所謂災異警譴
사방의. 유공기혹태이난생어소홀야. 어시호우유소위재이경견
之加焉. 天之於君. 所以反覆丁寧若是者. 無他. 旣以仁愛之責.
지가언. 천지어군. 소이반복정녕약시자. 무타. 기이인애지책.
委重於此. 自當有仁愛之報惓惓於此也. 誠使爲人君者. 知天之所以
위중어차. 자당유인애지보권권어차야. 성사위인군자. 지천지소이
仁愛我者如此. 其不徒然也. 則其必能知爲君之難矣. 其必能知天
인애아자여차. 기부도연야. 즉기필능지위군지난의. 기필능지천

命之不易矣. 其必能知高高在上. 而日監于玆. 不容有毫髮之可欺
명지불이의. 기필능지고고재상. 이일감우자. 불용유호발지가기
矣. 能如此則其在平日. 必有以秉心飭躬. 克敬克誠. 以昭受上帝
의. 능여차즉기재평일. 필유이병심칙궁. 극경극성. 이소수상제
者. 無不盡其道矣. 其遇災譴. 必有以省愆修政. 克愼克實. 以感
자. 무부진기도의. 기우재견. 필유이성건수정. 극신극실. 이감
格天意者. 益能盡其心矣. 夫然則制治于未亂. 保邦于未危. 有平
격천의자. 익능진기심의. 부연칙제치우미란. 보방우미위. 유평
安而無禍敗. 可幾也. 惟其不知天心. 而不愼厥德者. 一切反是.
안이무화패. 가기야. 유기부지천심. 이불신궐덕자. 일절반시.
故帝乃震怒. 而降之禍敗. 非天之所得已也. 其亦可畏之甚也. 當
고제내진노. 이강지화패. 비천지소득이야. 기역가외지심야. 당
今主上殿下握寶御極. 一期于玆. 凡所以上敬下恤. 修德行政之
금주상전하악보어극. 일기우자. 범소이상경하휼. 수덕행정지
間. 未嘗聞有招拂于人心. 獲戾于帝事者. 然而乾文屢變. 時孼竝
간. 미상문유초불우인심. 획려우제사자. 연이건문루변. 시얼병
作. 和氣不應. 兩麥全耗. 水災之慘. 振古所無. 風雹蝗螟. 衆異畢
작. 화기불응. 양맥전모. 수재지참. 진고소무. 풍박황명. 중이필
見. 不知上天何所怒於殿下而如此哉. 天道雖遠而實邇. 天威至嚴
견. 부지상천하소노어전하이여차재. 천도수원이실이. 천위지엄
而難玩. 小臣愚昧. 不敢妄度而爲言. 竊以仲舒之言推之. 此乃天
이난완. 소신우매. 불감망도이위언. 절이중서지언추지. 차내천

이난완. 소신우매. 불감망도이위언. 절이중서지언추지. 차내천
心仁愛殿下之深. 而威警殿下之至也. 且今殿下旣承天眷而作人
심인애전하지심. 이위경전하지야. 차금전하기승천권이작인
牧. 則踐阼圖治之初. 宅憂思道之日. 乃端本正始之辰. 自貽哲命之
목. 즉천조도치지초. 댁우사도지일. 내단본정시지진. 자이철명지
時也. 若使之徒知有晏然之寵. 而不知有赫然之威. 則恐懼之心日
시야. 약사지도지유안연지총. 이부지유혁연지위. 즉공구지심일
弛. 邪僻之情轉放. 如決河堤. 亦何所不至哉. 故旣出災害. 以譴
이. 사벽지정전방. 여결하제. 역하소부지재. 고기출재해. 이견
告之. 又出怪異. 以警懼之. 天心之仁愛殿下. 可謂深切而著明矣.
고지. 우출괴이. 이경구지. 천심지인애전하. 가위심절이저명의.
不審殿下將何修. 而可以當天意消禍萌乎. 昔者. 孔光以爲天道不
불심전하장하수. 이가이당천의소화맹호. 석자. 공광이위천도불
必憂. 安石以爲天變不足畏. 皆誣諛姦罔之言. 固大得罪於天矣.
필우. 안석이위천변부족외. 개무유간망지언. 고대득죄어천의.
董仲舒, 劉向之徒. 又以某災爲某失之應. 亦太拘拘滯陋. 而其或
동중서, 유향지도. 우이모재위모실지응. 역태구구체루. 이기혹
有不相應者. 則適啓人君不畏不憂之端. 亦非也. 故臣愚以爲君之
유불상응자. 즉적계인군불외불우지단. 역비야. 고신우이위군지
於天. 猶子之於親. 親心有怒於子. 子之恐懼修省. 不問所怒與非
어천. 유자지어친. 친심유노어자. 자지공구수성. 불문소노여비

怒. 事事盡誠而致孝. 則親悅於誠孝. 而所怒之事. 竝與之渾化無
노. 사사진성이치효. 즉친열어성효. 이소노지사. 병여지혼화무
痕矣. 不然. 只指定一事. 而恐懼修省於此. 餘事依舊恣意. 則不
흔의. 불연. 지지정일사. 이공구수성어차. 여사의구자의. 즉불
誠於致孝而僞爲之. 何以解親怒而得親歡乎. 伏願殿下推事親之
성어치효이위위지. 하이해친노이득친환호. 복원전하추사친지
心. 以盡事天之道. 無事而不修省. 無時而不恐懼. 聖躬雖未有過
심. 이진사천지도. 무사이불수성. 무시이불공구. 성궁수미유과
失. 而心術隱微之間. 疵病山積. 不可以不淨盡. 宮禁雖本有家法.
실. 이심술은미지간. 자병산적. 불가이부정진. 궁금수본유가법.
而戚屬幽陰之類. 納謁霧集. 不可以不過防. 聽諫雖如轉圜之美. 有
이척속유음지류. 납알무집. 불가이불과방. 청간수여전환지미. 유
時乎以私而牢拒. 在所當改. 樂善雖如好色之誠. 或至於以虛而强
시호이사이뢰거. 재소당개. 낙선수여호색지성. 혹지어이허이강
求. 在所當審. 爵賞毋濫. 使無功者幸得. 而有功者解體. 赦宥毋
구. 재소당심. 작상무람. 사무공자행득. 이유공자해체. 사유무
數. 使爲惡者獲免. 而爲善者受害. 尙節義. 厲廉恥. 以壯名敎之防
수. 사위악자획면. 이위선자수해. 상절의. 여렴치. 이장명교지
衛者. 不可疎. 崇儉約. 禁奢侈. 以裕公私之財力者. 不可緩. 祖宗
위자. 불가소. 숭검약. 금사치. 이유공사지재력자. 불가완. 조
之成憲舊章. 積久而生弊者. 雖不可不稍變通. 然或竝與其良法美

지성헌구장. 적구이생폐자. 수불가불초변통. 연혹병어기량법미
意而一切紛更之. 必致大患. 搢紳之嫉正忌異. 伺釁而生事者. 固不
의이일절분경지. 필치대환. 진신지질정기이. 사흔이생사자. 고불
可不預鎭靜. 然或自乖於賢儔善類. 而互相排擊之. 必見反傷. 專倚
가불예진정. 연혹자괴어현주선류. 이호상배격지. 필견반상. 전의
於守舊循常之臣. 則有妨於奮興至治. 偏任於新進喜事之人. 則亦
어수구순상지신. 즉유방어분흥지치. 편임어신진희사지인. 즉역
至於挑生亂階. 抑京外胥僕. 狼噬納使而猶不足. 盜空府庫. 鎭浦帥
지어도생란계. 억경외서복. 낭서납사이유부족. 도공부고. 진포수
將. 虎吞軍卒而猶不壓. 毒徧隣族. 饑荒已劇. 而賑救無策. 恐群盜之
장. 호탄군졸이유불염. 독편린족. 기황이극. 이진구무책. 공군도지
大起. 邊圉率虛. 而南北有釁. 慮小醜之猝入. 凡若此類. 臣不能枚擧
대기. 변어솔허. 이남북유흔. 여소추지졸입. 범약차류. 신불능매거
而悉數. 惟殿下深知天所以仁愛己者若是. 其非徒然也. 內以自反
이실수. 유전하심지천소이인애기자약시. 기비도연야. 내이자반
於身心者. 一於敬而無作輟. 外以修行於政治者. 一於誠而無假
어신심자. 일어경이무작철. 외이수행어정치자. 일어성이무가
飾. 所處於天人之際者. 無所不用其極. 如前所云云. 則雖有水旱
식. 소처어천인지제자. 무소불용기극. 여전소운운. 즉수유수한
之災. 譴警之至. 猶可施恐懼修省之力. 而承天與仁愛之心. 如臣
지재. 견경지지. 유가시공구수성지력. 이승천여인애지심. 여신

所論十六事者. 亦將以次而消除更化. 以臻於治平矣. 如或不然.
소론십육사자. 역장이차이소제경화. 이진어치평의. 여혹불연.
不本於身而望治於世. 不?其德而責報於天. 平時則不知敬天而恤
불본어신이망치어세. 불긍기덕이책보어천. 평시즉부지경천이휼
民. 遇災則但擧文具而泛應. 則臣恐否泰相極. 治亂相乘. 數百年
민. 우재즉단거문구이범응. 칙신공부태상극. 치란상승. 수백년
昇平之末. 國事之可憂. 將日倍於今時之弊. 而天心之仁愛殿下
승평지말. 국사지가우. 장일배어금시지폐. 이천심지인애전하
者. 反爲殿下之自棄也. 書曰. 皇天無親. 克敬惟親. 民罔常懷. 懷
자. 반위전하지자기야. 서왈. 황천무친. 극경유친. 민망상회. 회
于有仁. 鬼神無常享. 享于克誠. 詩曰. 畏天之威. 于時保之. 惟聖
우유인. 귀신무상향. 향우극성. 시왈. 외천지위. 우시보지. 유성
明之留意焉. 則幸甚.
명지류의언. 즉행심.

위의 여섯째 조에 진술한 것은 모두가 사람의 이목을 놀랠 만한 굉장한 말은 아닙니다. 그러나 모두 떳떳한 가르침에 비추어 조심하면서 성性과 도에 뿌리를 두고, 성현의 말씀에 근거하면서 『중용』과 『대학』에 맞추고, 역사의 전기를 상고하되 지금의 일에 비추어 말씀드린 것입니다. 바라옵건대 전하께서는 흔하고 쉬운 일이다 하면서 할 것이 못 된다 여기지

마시고, 실제의 일과 관련이 없다 하여 할 필요 없다 마시고, 반드시 먼저 첫째 조와 둘째 조로써 근본을 삼고 더욱더 성학의 공부에 부지런히 하시기 바랍니다.

빠른 효과를 보려고 하지 마시고 스스로 한계를 긋지도 마시고 그 극치를 다하여 과연 여기에 얻은 바가 있으시면, 나머지 다른 일들도 날마다 더욱 밝아지고 더욱 충실하게 되어, 이치와 의로움으로 내 마음을 기쁘게 함이 참말로 쇠고기와 돼지고기가 입을 기쁘게 하듯이 될 것입니다. 나의 성정은 참으로 요순이 될 수 있는 것이니, 비근하고 낮은 것을 떠나지 않아도 실상은 높고 깊고 원대하며 무궁한 것이 거기에 있는 것입니다. 옛사람이 "연원을 찾아 다스리는 도리를 밝혀내고 본말을 관통하여 큰 중中을 세운다"고 한 것이 여기서 벗어나지 않는 것입니다.

이에 이르러 비로소 소관이 드린 말씀이 다 선인의 뜻을 본받아 서술하고, 거짓으로 지어내어 전하를 속이는 것이 아님을 믿게 되실 것입니다. 그러하오나 신은 이 학문에 대하여 들어 안 것이 이미 늦었고, 병이 또 깊어 이것을 힘써 실천하여 자기 것으로 삼지 못하였으니, 전하의 성의에 보답할 수가 없습니다. 그래서 황송하고 죄송하여 감히 오지 못하였던 것입니다. 이제 할 수 없이 이 걸음을 하였사오니, 또 감히 이 말씀을 감추고 다른 말씀으로 대신할 수도 없습니다. 전하께서 사람 때문에 말을 버리지 않으시고 취하는 바가 있으시다면, 지금의 공경대부들은 다 이 글을 외우고 익혀 이 도에 종사할 것이니, 위에서 좋아하는 자 있으면 아래에 반드시 더 심한 자가 있는 법입니다. 전하께서 묻기를 좋아하시고 가까운 말을 잘 살피시며 사람에게 취하여 선을 행함을 즐겨 하시어 밝은 덕을 쌓는 공부를 날로 더하시면, 누가 감히 전심을 바쳐 성덕을 이루려고 하지 않겠습니까? 그렇다면 신이 비록 시골집에 병들어 누워 있더라도 날마다 성스러운 은덕을 대하는 것과 무엇이 다르겠습니까? 비록 바위 골짜기에서 죽더라도 만물과 더불어 성스러운 은택의 흐름에 같이 몸을 적시겠나이다. 간절히 바라는 마음 둘 곳이 없어, 죽음을 무릅쓰고 삼가 글을 올리나이다.

> 右六條所陳. 皆非有驚天動地震耀人耳目之說. 然而實謹於彛敎.
> 우육조소진. 개비유경천동지진요인이목지설. 연이실근어이교.
> 而本於性道. 宗於聖賢. 而質於庸學. 稽之史傳. 而驗之時事以爲
> 이본어성도. 종어성현. 이질어용학. 계지사전. 이험지시사이위
> 言. 惟殿下勿以爲卑近而不足爲. 勿以爲迂闊而不必爲. 必先以首
> 언. 유전하물이위비근이부족위. 물이위우활이불필위. 필선이수
> 二條爲本. 而尤勤勵不息於聖學之功. 毋欲速. 毋自畫. 以極其至於
> 이조위본. 이우근려불식어성학지공. 무욕속. 무자화. 이극기지어
> 此. 而果有所得. 則其他事固亦隨日隨事. 而益明益實. 理義之悅
> 차. 이과유소득. 즉기타사고역수일수사. 이익명익실. 이의지열

차. 이과유소득. 즉기타사고역수일수사. 이익명익실. 리의지열
心. 眞是如芻豢. 吾人之性情. 眞可爲堯舜. 不離乎卑近淺小. 而實
심. 진시여추환. 오인지성정. 진가위요순. 불리호비근천소. 이실
有高深遠大而無窮者存焉. 古人所謂探淵源而出治道. 貫本末而
유고심원대이무궁자존언. 고인소위탐연원이출치도. 관본말이
立大中者. 初不外此. 至於是而後. 方信小臣之言皆有所祖述. 非
립대중자. 초불외차. 지어시이후. 방신소신지언개유소조술. 비
鑿空架虛以厚誣於殿下也. 雖然. 臣之於此. 聞旣晩暮. 而病又沈
착공가허이후무어전하야. 수연. 신지어차. 문기만모. 이병우침
痼. 不能力踐以實有諸己. 無以應殿下之盛意. 故縮恧惶惑而不敢
고. 불능력천이실유제기. 무이응전하지성의. 고축뉵황혹이불감
來. 今旣不免爲此來. 則又不敢匿此說而代以他說也. 如蒙殿下不
래. 금기불면위차래. 즉우불감닉차설이대이타설야. 여몽전하불
以人廢言. 而有取於此. 則今玆公卿大夫. 皆誦習此說而從事此道
이인폐언. 이유취어차. 즉금자공경대부. 개송습차설이종사차도
者也. 上有好者. 下必有甚焉者. 在殿下好問而察邇. 樂取以爲善.
자야. 상유호자. 하필유심언자. 재전하호문이찰이. 악취이위선.
以日䄄緝熙之功. 誰敢不精白一心. 以助成聖德者乎. 則臣雖抱病
이일비집희지공. 수감부정백일심. 이조성성덕자호. 즉신수포병
田間. 何異日近於耿光. 枯死巖穴. 亦與萬生同霑聖澤之流浹矣.
전간. 하이일근어경광. 고사암혈. 역여만생동점성택지류협의.

臣無任懇祈切祝之至. 謹昧死以聞.

신무임간기절축지지. 근매사이문.

3부

관련서 및 연보

퇴계에 대한 관심은 일찍부터 시작되었다. 현상윤의 『조선유학사』, 이병도의 『한국유학사』, 유승국의 『한국의 유교』 등 통사류에서도 퇴계는 중요하게 다루어졌다. 퇴계사상에 대한 전문 연구는 70년대 전반, 유정동·윤사순 두 원로학자들의 박사학위 논문에서부터 시작해, 지금도 계속 우수한 논저들이 발간되고 있다. 그리고 국제퇴계학회에서 개최하는 '퇴계학국제학술회의'를 통해 일본·중국·미국 등 외국학자들도 퇴계에 대한 많은 논문을 발표하고 있다. 민족문화추진회와 퇴계연구원에서 퇴계문집을 국역한 것이 있으며, 경북대학교에서 퇴계에 대한 논문들을 수집해 분야별로 분류해 편찬한 연구논총도 참고할 만하다. 여기에 소개한 세 권의 책은 퇴계의 생애와 사상에 대해 일반 독자들이 이해하기 쉽게 설명한 것들이다. 마지막으로, 퇴계의 생애를 연대기적으로 기록한 연보에서, 죽는 그날까지 끊임없이 학문연구에 몰두하는 퇴계의 모습을 감명 깊게 읽을 수 있을 것이다.

퇴계 관련서

퇴계와 관련된 도서는 학술적 논저만도 1,000여 편에 이르고 단행본도 수십 권에 달한다. 그 가운데 정순목의 『퇴계평전退溪評傳』, 하창환·김종석의 『퇴계 이황의 삶과 교훈』, 금장태의 『퇴계의 삶과 철학』 등을 읽어보기를 권한다.

『退溪評傳』(정순목, 지식산업사, 1989)

이 책은 역사적 문맥 속에서 퇴계의 생애와 사상을 밝히기 위해 저자가 10여 년의 자료 수집과 구상을 통해 완성한 글로서, 1편 퇴계의 삶과 앎의 자취, 2편 퇴계의 말씀과 행실로 구성되어 있다. 1편에서는 출생에서부터 수학기修學期, 출사기出仕期, 강학기講學期로 나누어 개인사적인 고찰을 하고, 이어 퇴계의 삶과 학문을 자연과의 만남이라는 관점에서 조명하는 한편, 문인과 제자들과의 언행을 통해 퇴계의 교육 철학과 잠언들을 소개했다. 1편의 결론 격으로 퇴계학의 현대적 의미를 하늘과 사람, 앎과 됨, 이룸과 그리움으로 대별하여 서술한 것이 이채롭다. 2편은 『퇴계선생언행록退溪先生言行錄』(전 6권, 도산서원 간행)을 쉽게 풀어 역주한 것으로, 7장으로 구성되어 있다. 첫째 장 "학문과 수양"은 배움에 뜻을 둔 사람이나 교육에 종사하는 사람에게 귀감이 될 만한 글들이며, 둘째 장 "가정과 사회에서의 몸가짐"은 퇴계가 일상생활의 사소한 것에서부터 대인 관계에 이르기까지 어떻게 처신하였는지를 살펴봄으로써 성현의 성품에 대해 친근하게 접근할 수 있도록 했다. 셋째 장 "나라에 대한 봉사"는 벼슬에 대한 퇴계의 출처관을 보여주며, 넷째 장 "우주의 법칙과 인간의 예절"은 리기론과 예론을 다루었으며, 다섯째 장 "정치론·인물론·과거론·학문론"은 퇴계의 당대 현실에 대한 인식과 제도 개혁론을 다루었다. 여섯째 장 "인간 퇴계의 모습"은 잡기雜記와 실기實記 등 선생의 말씀과 행실의 대강을 살펴볼 수 있으며, 일곱째 장 "거인의 죽음과 추모의 글"은 임종과 문묘 종사와 관련한 왕의 교서 등이 실려 있다.

『퇴계 이황의 삶과 교훈』(하창환·김종석, 일송미디어, 2001)

우선 이 책 표지에 "배우지 않으면 알지 못하고 힘쓰지 않으면

하지 못한다"라는 다소 긴 제목부터 눈에 띤다. 두 저자가 밝히고 있듯이, 이 책은 자료에 근거하면서도 학술적이거나 전문적인 내용은 피하고 퇴계 선생의 생애와 행적 가운데 현대인의 실생활에 귀감이 될 만한 사례들을 선별하여 실었다. 1부 "퇴계 선생의 삶과 교훈"은 퇴계의 수학기, 벼슬 시기, 후학을 양성하던 시기로 나누어, 단순한 연대기적 서술 방식에서 벗어나 그의 생애에 일어났던 주요 사건들을 중심으로 성장 환경, 수학 과정, 벼슬살이, 후진 양성 시절의 이야기를 흥미롭게 서술했다. 그리고 2부 "퇴계 선생의 일화와 교훈"은 선생과 관련된 일화들을 성격에 따라 '진리를 향하여' '가정생활과 대인관계' '벼슬길에 나아감과 물러감' '사람을 가르치고 학문을 강론함'으로 분류하여 이들 일화가 주는 교훈과 현대적 의미를 서술했다. 정순목의 『退溪評傳』과 함께 선생의 삶과 그 자취를 음미해 보기에 좋은 책이라 생각한다.

『퇴계의 삶과 철학』(금장태, 서울대학교출판부, 2000)

이 책은 1998년도 문화관광부 우수학술도서에 선정되기도 했는데, 앞의 두 책을 통해 퇴계의 삶과 교훈을 음미하고 나서 선생의 철학을 이해하는 데 길잡이가 될 수 있는 책이다. 1부는 "퇴계의 삶과 품격"이란 제목으로 생애와 그의 인간적인 면모를 드러내었고, 2부에서는 퇴계 철학의 세계를 간단명료하게 장별로 나누어 설명하고 있다. 2부 6~8장에서는 학문 방법론과 인간 이해 및 이학異學 비판의 태도를 통해서 퇴계 철학의 전반적 성격을 해명했고, 9~13장에서는 천관天觀, 성리설性理說, 물아관物我觀, 수양관修養論, 가정관家庭觀에 걸친 퇴계 철학의 구체적 문제들에 대해 고찰하고 있다. 필자는 여기서 퇴계의 철학이 성리설을 넘어서 수양론에 무게중심을 두고 있는 인격 실현의 철학이며, 하늘과 정감적으로 만나는 깊은 종교성을 지닌 철학임을 밝히고자 했다.

퇴계 연보

1501년(辛酉, 연산군 7년, 1세)

음력 11월 25일 진시에 경상도 예안현 온계리에서 출생함.

1502년(壬戌, 연산군 8년, 2세)

6월 13일 부친 진사 이식이 별세함.

1506년(丙寅, 연산군 12년, 중종 원년, 6세)

이웃 노인에게서 『천자문』을 배움.

1512년(壬申, 중종 7년, 12세)

경상도 관찰사를 지내던 숙부 송재松齋 이우李堣에게 『논어』를 배움.

1515년(乙亥, 중종 10년, 15세)

숙부 이우를 모시고 넷째 형 해瀣와 함께 청량산 암자에 머뭄. 숙부가 안동 부사로 옮김. 시「석해石蟹」를 지음.

1516년(丙子, 중종 11년, 16세)

봉정사에서 독서함.

1517년(丁丑, 중종 12년, 17세)

8월에 경상도 관찰사 김안국金安國이 안동부安東府를 안찰할 때, 넷째 형과 함께 가서 배현함. 숙부 이우가 별세함. 정암 조광조 등이 이학理學을 숭장함. 여씨향약呂氏鄕約이 8도에서 시행됨.

1518년(戊寅, 중종 13년, 18세)

시「야당野塘」을 지음.

1519년(己卯, 중종 14년, 19세)

『성리대전』 중 첫째 권 주렴계의「태극도설」과 마지막 권 채침蔡沈의「홍범황극洪範皇極」을 송재댁에게서 빌려 읽음. 대사헌 조광조가 사사賜死됨. 시「영회詠懷」를 지음.

1520년(庚申, 중종 15년, 20세)

『주역』을 연구함. 과도한 공부로 몸을 상하여 평생의 고질이 됨.

1521년(辛巳, 중종 16년, 21세)

진사 허찬許瓚의 딸을 아내로 맞이함. 신사무옥辛巳誣獄이 발생함.

1523년(癸未, 중종 18년, 23세)

태학(성균관)에 유학했다 귀향함. 한양에서 처음으로 『주자전서』를 구해 읽음. 장남 준寯이 출생함.

1527년(丁亥, 중종 22년, 27세)

가을에 경상도 향시鄕試에서 진사시(1등), 생원시(2등)에 합격함. 10월에 차남 채寀가 출생함. 11월에 부인 허씨許氏가 별세함.

1530년(庚寅, 중종 25년, 30세)

봉사奉事 권질權礩의 딸을 재취 부인으로 맞이함. 측실에서 적寂이 출생함.

1532년(壬辰, 중종 27년, 32세)

문과 초시文科初試에 2등으로 합격함. 7월에 셋째 형 의漪가 별세함.

1533년(癸巳, 중종 28년, 33세)

다시 성균관에 유학함. 경상도 향시에 1등으로 합격함. 야은冶隱 길재吉再의 사당을 배알함. 시「과길선생려過吉先生閭」를 지음. 하서河西 김인후金麟厚와 반궁泮宮에서 상종함. 가을에 충재冲齋 권벌權橃과 함께 귀향하는 길에 여주에 은퇴하고 있던 모재慕齋 김안국을 방문하고「정인군자론正人君子論」을 들음.

1534년(甲午, 중종 29년, 34세)

3월에 문과에 급제함. 4월에 승문원承文院 권지부정자權知

副正字에 이어 곧 예문관 검열藝文館檢閱 겸 춘추관 기사관 春秋館記事官으로 선보되었으나 김안로의 방해로 승진하지 못함. 6월에 정자正字에 오름. 12월에 무공랑務功郞으로 박사博士가 됨.

1535년(乙未, 중종 30년, 35세)

6월에 호송관護送官으로 차임되어 왜노倭奴를 동래로 데려감. 호송 길에 여주 신륵사에서 목사牧使 이순李純에게서 『황극내편皇極內編』과 『참동계參同契』의 수련법을 들음.

1536년(丙申, 중종 31년, 36세)

6월에 성균관 전적成均館典籍 겸 중학교수中學敎授, 9월에 호조 정랑戶曹正郞이 됨.

1537년(丁酉, 중종 32년, 37세)

10월 15일 모부인 박씨朴氏가 68세로 별세함.

1539년(己亥, 중종 35년, 39세)

12월에 홍문관弘文館 수찬修撰, 지제교知製敎 겸 경연 검토관經筵檢討官이 됨.

1540년(庚子, 중종 36년, 40세)

정월에 사간원 정언司諫院正言, 9월에 형조 정랑刑曹正郞, 승문원 교리承文院敎理 등을 겸직함.

1541년(辛丑, 중종 37년, 41세)

동호 독서당東湖 讀書堂에 뽑힘. 4월에 사헌부 지평司憲府

持平, 9월에 경기도 재상어사災傷御使가 됨. 주세붕周世鵬이 풍기 군수가 됨.

1543년(癸卯, 중종 39년, 43세)

영지산인靈芝山人이라고 자호自號함. 손자 안도安道에게 「천자문」을 써 보냄. 넷째 형 온계溫溪가 도승지都承旨가 됨.

1544(甲申, 중종 40년, 44세)

11월에 중종이 승하해 「청일표請鎰表」를 지음. 온계가 대사헌大司憲이 됨. 둘째 형 하河가 별세함. 회재晦齋 이언적李彦迪이 한성 판윤漢城判尹이 됨. 중봉重峰 조헌趙憲이 출생함.

1545년(乙巳, 인종 원년, 45세)

7월에 「걸물절왜사소乞勿絶倭使疏」를 청함. 10월에 이기李芑의 계청啓請으로 관직을 삭탈당함. 이기가 전계前啓의 부당함을 사죄하고서 직첩이 환급됨. 조광조가 복관작復官爵이 되고, 이언적이 우찬성右贊成이 됨.

1546년(丙午, 명종 1년, 46세)

병으로 귀향함. 7월에 부인 권씨權氏가 별세함. 11월에 온계 건지산寒芝山 기슭 동암東巖 곁에 양진암養眞菴을 짓고 토계兎溪·吐溪·兜溪란 이름을 퇴계退溪로 고치고 호로 삼음. 「동암언지東巖言志」를 지음.

1547년(丁未, 명종 2년, 47세)

8월에 홍문관 응교應敎가 됨. 넷째 형 온계가 황해도 관찰사가 됨.

1548년(戊申, 명종 3년, 48세)

1월에 단양 군수가 됨. 10월에 풍기 군수로 옮김.「단양산수기丹陽山水記」를 지음. 2월에 둘째 아들 채가 죽음. 율곡이 13세로 진사에 합격함. 사계沙溪 김장생金長生이 출생함. 10월에 넷째 형 온계가 충청도 관찰사가 됨.

1549년(己酉, 명종 4년, 49세)

12월에 감사監司에게 청하여 백운동서원白雲洞書院의 사액賜額과 서적書籍을 내리라는 계문啓聞을 함. 이 청이 받아들여져 소수서원紹修書院으로 사액. 『사서삼경四書三經』『성리대전』 등이 내려옴(우리나라 서원사액書院賜額의 시초).「유소백산록遊小白山錄」「상심방백上沈方伯」을 지음. 이언적이『대학장구보유大學章句補遺』를 완성함.

1550년(庚戌 명종 5년, 50세)

4월 분천으로 가서 농암聾岩 이현보李賢輔를 뵘. 7~8월에 넷째 형 온계가 이기의 구함構陷으로 갑산甲山으로 정배定配되어 8월 14일 귀양 길에 양주에서 장독杖毒으로 별세함. 2월에 황해감사 주세붕周世鵬이 수양서원首陽書院을 건립함.

1551년(辛亥, 명종 6년, 51세)

벼슬에 나가지 않고 향리에 머뭄. 율곡이 모친상을 당함.

1552년(壬子, 명종 7년, 52세)

4월 홍문관 교리 겸 경연 시독관經筵侍讀官 등을 겸직, 입시入侍하여 진강進講함. 7월 통정대부通政大夫 성균관 대사성大司成이 됨.

1553년(癸丑, 명종 8년, 53세)

10월에 정지운이 지은 「천명도」를 고침. 「여노수신론숙흥야매잠주해서與盧守信論夙興夜寐箴註解書」 「양생설후養生說後」 「연평답문후발延平答問後跋」을 지음. 이언적이 『중용구경연의中庸九經演義』를 미완성하고 63세로 별세함.

1554년(甲寅, 명종 9년, 54세)

새로 중수한 경복궁의 모든 전각의 편액扁額을 씀. 「경복궁중수기景福宮重修記」를 지음. 율곡이 3월에 금강산사에 들어감.

1555년(乙卯, 명종 10년, 55세)

칭병을 하고 세 번 사직소를 올리고 해직되자 귀향함. 율곡이 자경문自警文을 지음. 『경국대전주해經國大典註解』가 완성됨. 비변사備邊司를 설치함.

1556년(丙辰, 명종 11년, 56세)

12월에 향약을 초함. 『주자서절요朱子書節要』의 편차編次를 완성함. 율곡이 한성시漢城試에 장원 급제함.

1557년(丁巳, 명종 12년, 57세)

도산 남쪽에 서당 터를 잡음. 「수곡암기樹谷菴記」 『계몽전의啓蒙傳疑』를 완성함.

1558년(戊午, 명종 13년, 58세)

7월에 「오불의五不宜」의 사직소를 올렸으나 윤허되지 않음. 10월에 성균관 대사성이 됨. 11월에 상호군上護軍, 12월에 가선대부嘉善大夫 공조 참판工曹參判이 됨. 『주자서절요朱子書節要』의 서문, 『자성록自省錄』의 후지後識를 지음. 율곡이 찾아와 주경主敬 공부와 정자, 주자의 설을 강론함.

1560년(庚申, 명종 15년, 60세)

11월에 기고봉의 「사단칠정변론」에 답함. 도산서당을 낙성함. 하서 김인후가 51세로 별세함.

1563년(癸亥, 명종 18년, 63세)

『이학통록理學通錄』을 완성함.

1564년(甲子, 명종 19년, 64세)

『성리대전』 완질을 갖춤. 『심무체용변心無體用辨』 『잠재설潛齋說』을 지음.

1565년(乙丑, 명종 20년, 65세)

완락재玩樂齋의 벽에 「경재잠도敬齋箴圖」 「백록동규도白鹿洞規圖」 등을 써서 붙임. 시 「도산십이곡발陶山十二曲跋」을 지음.

1566년(丙寅, 명종 21년, 66세)

자헌대부資憲大夫 공조판서工曹判書 겸 예문제학藝文提學을 지냄. 10월에 「회재이언적선생행장晦齋李彦迪先生行狀」을 쓰고, 문집을 교정함. 「심경후론心經後論」 「양명전습록변陽明傳習錄辨」을 지음.

1567년(丁卯, 명종 22년, 67세)

6월 25일 명종이 승하함. 7월에 대행왕大行王의 행장수찬청行狀修撰廳 당상관堂上官으로 「명종행장明宗行狀」을 씀. 넷째 형 온계의 관작이 회복됨.

1568년(戊辰, 선조 1년, 68세)

『무진육조소』를 올림. 경연에서 강의함. 11월에 홍문관에 가서 「서명西銘」을 고증함. 『서명고증강의西銘考證講義』를 지음. 12월에 『진성학십도차進聖學十圖箚』를 올림.

1569년(己巳, 선조 2년, 69세)

3월 3일 예궐詣闕하여 사은하고 귀전歸田의 허가를 받음. 이날 야대夜對에서 왕이 마지막 가르침을 받고자 함. 기대승을 천거함.

1570년(庚午, 선조 3년, 70세)

도산서당에서 제자들에게 『계몽啓蒙』 『심경心經』을 강의함. 9월에 『사서석의四書釋義』를 씀. 10월에 기대승에게 「논심성정도論心性情圖」를 써 보냄. 11월에 병으로 문인門

사들을 돌려보냄. 11월 15일 기대승에게 「개치지격물설改致知格物說」을 써 보냄. 12월 3일 남에게 빌린 책을 유실하지 말고 모두 돌려주라고 함. 12월 7일 문인 이덕홍李德弘에게 서적을 관리하라고 함. 12월 8일 아침에 매화분에 물을 주도록 함. 유시酉時 초에 와석臥席에서 일으키니 바로 앉아서 운명함. 12월 28일 대광보국숭록대부大匡輔國崇祿大夫 의정부 영의정議政府領議政 겸 영경연 홍문관 예문관 춘추관 관상감사領經筵弘文館藝文館春秋館觀象監事로 증직贈職됨.

1574년(甲戌, 선조 7년)

도산에 서원을 세움.

1575년(乙亥, 선조 8년)

서원을 낙성하고 도산서원의 사액을 받음.

1576년(丙子, 선조 9년)

문순공文純公이란 시호가 내림.

1610년(庚戌, 광해 2년)

문묘文廟에 종사從祀함.

주

1부

1) 우리말 두음법칙에 따라 '이리'라고 표기해야 하나, 이 책에서는 '리'로 표기한다. 리기, 리발 등도 같음.

2) 『退溪全書』二册, 14쪽, "蓋有理便有氣 有氣便有數 理不能遣氣以獨行."

3) 리기공재理氣共在 가운데에서 리의 생동성을 직관하고 그것을 강조하는 것이야말로 퇴계 리기론의 특징이라고 말할 수 있을 것이다. 이와 같은 사실은 다음의 논술에서 확인할 수 있다. "大抵有理發而氣隨之者 則可主理而言耳 非理外於氣 四端是也."(理發說), "動而生陽主言理 而氣在其中 此一句極是."(理動說), "其用雖不外乎人心 而其所以爲用之妙 實是理之發見者."(理到說).

4) 고려 공양왕 3년(1391)에 귀족들의 대토지 소유에 따른 국가 재정의 고갈 문제를 해결하기 위해, 이성계를 비롯한 조준 등 신진 사대부들이 주동이 되어 실시한 토지 제도. 토지의 국유화를 원칙으로 공전公田을 확대하고 사전私田의 분급은 일정한 제한을 두었으며, 조선 초기 양반 관료 사회의 경제 기반을 이루었다.

5) 같은 책, 一册, 354쪽. "不可謂天命流行處 亦別有使之義也 此理極尊無對 命物而不命於物."

6) 『성호선생전집』부록, 「墓碣名」.

2부

1) 자사의 말은 『중용』 제1장 "天命之謂性率性之謂道 …… 致中和天地位焉 萬物育焉"에 있으며 맹자의 말은 『맹자』「공손추상」제6장 "孟子曰人皆有

不忍人之心 …… 苟不充之不足以事父母"에 있다.

2) 이것은 고봉이 추만 정지운의「천명도」에 있는, 아직 퇴계가 추만의 그림을 수정하기 이전의 설을 말하고 있다. 다음의 고봉의 답신에서 볼 수 있듯이 추만의「천명도」엔 본래 "四端發於理 七情發於氣"라 하였을 뿐이지 '而無不善'과 '而有善惡'이란 여덟 자가 없는데 고봉이 일단 잘못 기억해 추가하고 있다.

3) 이 말은 고봉이 주장하는 것의 요체이다. 뒤에 고봉이 말하기를, 퇴계가 자신의 이 말을 보고 理氣不離를 잘 보았다고 칭찬해 주셨는데 불감당이라 하고 있다.

4) 앞선 퇴계의 편지에서 밝힌 퇴계의 설이다.

5) 묘맥苗脈은 '속에 있다가 밖으로 드러나 나온 것'이라는 뜻이다.

6) 인심은 본능적 욕구이며, 도심은 도덕적 선의지이다.

7) 『주자어류』상, 65쪽, 권4, 20조 "亞夫 …… 又問若氣如此, 理不如此 則是理與氣相離矣, 日氣雖是理之所生, 出則理管他不得, 如這理隔於氣, 了日用間運用, 都由這箇氣, 只是氣强理弱." 『주자어류』는 1771년(영조 47년) 우리나라에서 간행된 본을 기준으로 했다. 이하 같다.

8) 원문은 "理無朕而氣有跡"인데 고봉이 주자의 말을 참작해 만들어낸 것으로 보인다. 『성리대전』권26, 理氣一, 1좌 "○人之所以爲人 …… 理無迹不可見故於氣觀之", 동서, 권26, 5좌 "○太極者 …… 其理無朕之目" 등의 주자설이 보인다.

9) "근래 학자" "으레"라는 말에는 사단과 칠정을 확연히 구별하여 보는 것이 퇴계나 추만만의 설이 아니요, 당시의 대세론이었음을 알 수 있다.

10) 『중용장구』제1장 "喜怒哀樂之未發 …… 天下之達道也"의 주자주에서 그대로 인용하고 있다.

11) '四德'은 仁義禮智인데 『대학장구』「서문」의 "……旣莫不與之以仁義禮智之性矣……", 『논어』「학이」2장 集註의 "程子曰 …… 性中只有箇仁義禮智四者而已……", 『맹자』「공손추상」6장의 주자주 "仁義禮智性也", 『동서』,「진심상」3장 주자주 "在我者謂仁義禮智 凡性之所有者", 『동서』, 「동편」22장 주자주 "……仁義禮智性之四德也……" 등은 성을 말할 때

사덕을 말한 실례들이다.

12) 이 글은 퇴계가 본 편지와 별도로 별지에 쓴 그 자체로 단독 저술이 되는 변문辨文으로서 제목이 있었을 것이다. 그런데 『퇴계전서』나 『도산전서』는 모두 「답기명언」이라 하고 소자小字로 부기해 "論四端七情第一書"라 했고, 고봉은 자신의 「논사단칠정서」에서 "사단칠정분이기변" 한 편'이라 지칭하고 있다. 이 글이 편지가 아닌 별지의 단독 저술임을 감안하면 앞의 두 『전서』의 「답기명언」은 애초 무리이고, 부기한 "논사단칠정제일서"는 『도산전서』에서 고봉의 다음 「논사단칠정서」를 "奇存齋論四端七情第二書"라 하였듯이 편의상 임의로 붙인 제목으로 여겨지므로, 고봉의 글 속에 보이는 「사단칠정분이기변」이 원제목으로 보인다.

13) 『퇴계전서』 「퇴계선생문집고증」 권4, 제16권 서, "답기명언" 중 "緣境而出"에 "佛書를 고찰컨대 緣景而生이란 말이 있으니, '外景으로 因하여 生한다'라 함인데, 여기서는 '境'이라 하였는데 마땅히 詳考해 볼 것이다"라 하고 있다.

14) 『대학장구』 「전 8장」 주자주에 "……五者在人本有當然之則……"('五者'는 '親愛' '賤惡' '畏敬' '哀矜' '敖惰'이다)이라 한 것에서 뜻을 취해 퇴계가 만든 말로 보인다.

15) 『맹자』 「公孫丑上」 제6장 중 "由是觀之 無惻隱之心非人也 無羞惡之心非人也 無辭讓之心非人也 無是非之心非人也", 『맹자』 告子上 제6장 "公都子曰 告子曰 性無善無不善也 …… 或曰性可以爲善可以爲不善 …… 或曰有性善有性不善 …… 今曰性善然則彼皆非與 孟子曰 乃若其情則可以爲善矣乃所謂善也 …… 惻隱之心人皆有之 羞惡之心人皆有之 …… 民之秉彛也 故好是懿德."

16) 『주역』 「계사상」 "繼之者善也成之者性也." 계선성성繼善成性이란 선을 잇고 성을 이룬다는 뜻이다.

17) 주돈이의 『태극도설』 "無極而太極."

18) 『논어』 「양화」 제2장 "子曰性相近也, 習相遠也."

19) 『맹자』 「진심하」 제24장 "孟子曰, 口之於味也, 目之於色也, 耳之於性也, 鼻之於臭也, 四肢之於安佚也, 性也, 有命焉, 君子不謂性也."

20) 정자의 이른바 호학론好學論은 『이정전서二程全書』 권43, 「顔子所好何學

論」"聖人之門其徒三千 …… 今之學與顔子所好異矣"가 있고, 또 『논어』 「옹야」 제2장 "哀公問, 弟子孰爲好學 …… 未聞好學者也"의 『주자집주』 중에 인용되어 있는 "或曰, 詩書六藝 …… 程子曰, 學以至乎聖人之道也 …… 其亦異乎顔子之學矣"도 있는데 전자가 후자보다 장문長文이며 논의가 더 자세해 이것이 완성문이라 하겠다.

21) 『주자어류』 상, 820쪽, 권53, 26항 "四端是理之發 七情是氣之發 問看得來 如喜怒愛惡欲却似近仁義 曰固有相似處(廣)" 廣은 輔廣이다.

22) 『퇴계전서』, 「퇴계선생문집고증」 권4, 46좌우 "不敢自信而信其師"에 "伊 川先生曰 孔孟之門 豈皆賢哲 固多衆人 以衆人觀聖賢 不識者多矣 惟其不 敢信己而信其師"라 했으니, 퇴계가 이천伊川의 말에서 취하여 쓴 것이다.

23) 1책 162쪽과 2책 258쪽에서는 "논회論誨한 사단칠정서四端七情書"라고 풀이하고 있으나 그 뜻이 불분명하다고 생각된다. 오히려 3책 168쪽에서 처럼 "사단과 칠정을 논한 책"이라고 번역하는 것이 좀 더 분명한 것 같다.

24) 근원적인 것을 비유한 말이다. 3책 169쪽의 주를 참조하면 중국 황하의 상류에 있는 산을 통과하는 여울목의 이름인데, 잉어가 이곳을 거슬러 오르면 용이 된다고 한다.

25) 주자의 문인인 진식陳埴으로, 자字는 기지器之, 일반적으로 잠실蠶室 선생이라 부른다.

26) 시초蓍草로 점을 치는 방법, 즉 시초를 세어 괘卦를 얻는 법을 말한다.

27) 『朱子大全』 권38, 47, 「答程泰之」 '孔穎達', "孔氏實非不曉揲法者, 但爲 之不熟, 故其言之易差而誤多" 『주자대전』 상, 보경문화사 영인본, 1986, 655쪽 上.

28) 이것이 사단칠정에 대한 퇴계의 정론定論이다.

29) 순수하지 못하고 혼잡한 것을 비유하는 말로, 진흙과 물이 뒤섞인 것을 말함.

30) 『朱子語類』 권4, 性理 1, "性却常在雖其方在氣中, 然氣自是氣, 性自是性, 亦不相夾雜"

31) 장재張載가 정호程顥에게 "본성을 안정시켜 움직이지 않게 하지 못하면 오히려 외물外物에 얽매이게 된다"라는 문제를 서신을 통하여 제시하자,

이에 관해 정호가 장재에게 답한 글이 『정성서定性書』이다. 주자는 '정성定性'을 '정심正心'으로 풀이하여 마음의 안정과 평정에 관해 논의하고 있다.

32) 여러 사람에게 전하지 않고 한 사람에게 전함.

33) 은밀히 부탁함.

34) 이름은 광廣, 자字는 한경漢卿, 호는 잠암潛庵으로, 전태傳胎 선생이라 부른다.

35) 상대와 나.

36) 당시 판중추부사判中樞府事로 재직하고 있던 퇴계가(68세) 새로 보위에 오른 선조宣祖를 위해 선조 원년인 1568년에 수기치인修己治人의 요점을 그려 올린 「성학십도」 중 제6도를 말한다. 사단칠정론과 관계가 깊다. 「성학십도」는 성학과 심법心法의 요령을 그림으로 그리고 여기에 해설을 덧붙여 도에 들어가는 문을 밝힌 것으로, 7개의 도는 기존의 도에다 자신의 뜻을 첨가한 것이며, 나머지 3개의 도第三小學圖, 第五白鹿洞規圖, 第十夙興夜寐箴圖는 퇴계 자신이 새로 그리고 해설을 덧붙인 것이다. 『퇴계선생문집』 卷之七/箚에 보인다.

37) 임은林隱 정씨程氏. 중국 원대元代의 학자로서 이름은 복심復心, 자는 자견子見. 1279~1368.

38) 『張子全書』 권14 「性理拾遺」

39) 『주역』 「계사상」.

40) 『二程全書』 권43의 「顔子所好何學論」을 참고하기 바란다.

41) 괄호 속의 글은 퇴계의 보충 설명이다.

42) 『이정전서』 권41 「粹言」 "或問, 性善而情不善乎. 子曰, 情者, 性之動也. 要歸之正而已. 亦何得以不善名之."

43) 『주자대전』 권46 「答劉叔文·二」 전후를 인용하면 다음과 같다. "未有此氣, 已有此性. 氣有不存, 性却常在. 雖其方在氣中, 然氣自氣性自性, 亦自不相夾雜."

44) 『書經』 「大禹謨」 "人心惟危, 道心惟微, 惟精惟一, 允執厥中."

45) 「경재잠」은 『성학십도』 가운데 아홉 번째에 해당한다. 경敬은 성리학 수

양론의 핵심으로서 퇴계가 특히 중시했다. 주자는 본당本堂의 양쪽에 있는 방에서 독서와 저술을 했는데, 왼쪽 방을 경재敬齋, 오른쪽 방을 의재義齋라고 불렀다. 이 잠은 주자가 경재에 걸어 두고 스스로를 경계한 글로서 유교의 경敬에 대한 인식이 집약되어 있다.

46) 『논어』「안연」에 나오는 말.

47) 『시경』「대아」 절남산편에 나오는 말.

48) 유교의 도덕에서 근본이 되는 세 가지 강목綱目. 즉, 임금과 신하, 어버이와 자식, 남편과 아내 사이에 마땅히 지켜야 할 도리로, 군위신강君爲臣綱, 부위자강父爲子綱, 부위부강夫爲婦綱을 말한다.

49) 홍범구주洪範九疇의 준말. '홍범'은 널리 법이 된다는 뜻이고, '구주'는 그 아홉 가지 범주라는 뜻이다. 『서경』의 주서周書 홍범편을 보면 주나라 무왕이 은의 마지막 왕인 폭군 주紂를 베고 은을 멸한 후 주의 삼촌인 기자箕子를 찾아가 정치하는 대법을 물었다. 서로 원수 사이지만 기자 또한 백성을 위하고 대도大道를 펴기 위해 격의 없이 홍범구주로써 가르치니, 이는 오행, 오사, 팔정, 오기, 황극, 삼덕, 계의, 서징, 오복의 아홉 가지이다.

50) 『주자어류』 105권 「경재잠」에 나오는 말.

51) 남송 시기의 학자인 오징吳澄, 1178~1333. 호는 초려草廬.

52) 남송 시기의 학자 진덕수眞德秀, 1178~1235. 호는 서산西山.

53) 남송 시기의 학자. 자 경부敬夫. 호 남헌南軒. 이름 식栻. 1133~1180. 광한廣漢(지금의 사천성) 출생. 형양衡陽(호남성)에 살았으며 호오봉胡五峯의 학문을 이어받아 성리학에 관한 지식이 깊고 경 문제에 관해 주자와 자주 논쟁을 벌여 그 학문에 영향을 많이 주었다. 명문 출신으로서 주州의 지사知事를 역임하고 이부랑吏部郎을 지냈다. 저서에는 『남헌역설南軒易說』 『수사언인洙泗言仁』 『논어설論語說』 『맹자설孟子說』 등이 있다.

54) 장경부가 지은 글. 『남헌집』과 『성리대전』에 실려 있다.

55) 남송 시기의 학자 왕백王柏(1197~1274). 호는 노재魯齋. 주자의 문인들과 교류했다.

56) 거친 베로 짓되 아랫도리를 접어서 꿰매지 않는 상복.

57) 서리를 보고 얼음을 안다는 뜻으로, 조짐을 보고 결과를 미리 알 수 있음

을 비유한 말.

58) 인종의 정비 인성왕후의 생존 시 존호가 공의전恭懿殿이었다. 인성왕후는 1514년(중종 9년)에 태어나 1524년(중종 19년)에 세자빈(빈궁)이 되었고, 1544년(인종 1년)에 인종이 즉위하자 왕비로 책봉되었다. 왕비 책봉 9개월 만에 인종이 후사 없이 승하하자 대비가 되어 여생을 조용히 보내다가 1577년(선조 10년)에 64세를 일기로 공의전에서 승하했다.

59) 중국 고대의 임금인 도당씨陶唐氏 요堯와 유우씨有虞氏 순舜을 아울러 이르는 말. 중국 역사에서 이상적인 태평 시대로 꼽힌다.

60) 인지지화麟趾之化. 주나라 문왕文王 후비의 덕이 자손 종족까지 선화善化하자, 시인이 인지麟之趾의 시를 지어서 이를 칭송했다. 황후와 황태후의 덕을 기리는 말이다.

61) 추우지덕騶虞之德. 성인의 덕화德化에 감격해 나타난다는 신령스러운 동물.

62) 중국 북쪽의 호胡와 남쪽의 월越이라는 뜻으로, 토지가 멀리 떨어져 있는 것을 이르는 말.

63) 공자의 14대손으로, 패覇의 아들이다. 대대로 박사(학자의 관직)를 배출한 유학의 종가에서 태어나 경학經學에 능통했고, 원제元帝 때 관문에 들고 성제成帝 때 박사가 되었으며, 마침 유학이 융성한 시운時運을 만나 더욱 중용되어 상서尙書를 지냈다. 평제平帝 즉위 뒤 왕망王莽의 권력 전횡을 우려해 은퇴하려 했으나 받아들여지지 않았다. 고사故事와 한나라의 제도 및 법령에 밝아 어사대부御史大夫와 승상丞相을 두 번 역임했다. 원제·성제·애제哀帝·평제의 네 황제 아래서 벼슬하고, 태부太傅, 태사太師에 이르러 박사후博士侯에 봉해졌다.

64) 조선시대 함경도와 평안도의 북방 변경에 있던 군대.

퇴계 이황 사단칠정론 · 성학십도 · 무진육조소

펴낸날	초판 1쇄 2007년 1월 30일
	초판 3쇄 2019년 9월 11일

지은이 **최영진**
펴낸이 **심만수**
펴낸곳 **㈜살림출판사**
출판등록 1989년 11월 1일 제9-210호

경기도 파주시 광인사길 30
전화 031-955-1350 팩스 031-624-1356
http://www.sallimbooks.com
book@sallimbooks.com

ISBN 978-89-522-0600-8 04080
ISBN 978-89-522-0314-4 04080 (세트)

※ 값은 뒤표지에 있습니다.
※ 잘못 만들어진 책은 구입하신 서점에서 바꾸어 드립니다.